よくわかる
自動車部品セクター株
──────── 入門編

業界の特徴から主要銘柄の見方まで

みずほ証券 坂口 大陸・著

化学工業日報社

はじめに

　自動車産業は、日本の製造業で最大級の規模を持つ基幹産業です。裾野が広く、自動車を製造し販売する完成車メーカーや、その構成部品を生産する自動車部品メーカーのみならず、素材やディーラー、運送業など関連分野が広範囲にわたります。事業展開も日本にとどまらず世界各地へ広がり、グローバル化が進んでいます。

　本書は、自動車産業のなかでも自動車部品業界に焦点を当てています。自動車部品セクターの株式に投資を検討している初心者の方を対象に、業界動向や自動車部品セクター株の見方について知っていただきたいことをまとめました。また、厳密さよりもわかりやすさを重視し、投資家の方だけでなく、自動車部品業界に興味をお持ちの学生の皆様にもご理解いただけるよう心掛けています。

　自動車は普段から街で見かけることができますし、実際に所有している方もいらっしゃるでしょう。トヨタやホンダ、日産といった完成車メーカーに馴染みのある方も多いと思います。一方で、自動車部品メーカーの顧客は完成車メーカーであり、一般的には普段の生活において会社名を目にすることは少なく、そのメーカーが何を製造しているかを会社名からイメージするのは難しいかも知れません。そのため、自動車部品セクター株への投資はハードルが高いと考えられがちです。資産運用の専門家である機関投資家からも、自動車部品セクター株は難しいという声が聞かれます。

　しかし、自動車部品業界は面白いと筆者は感じています。手掛ける事業、製品は個社ごとに異なり、顧客も日系完成車メーカー

だけでなく米国や欧州など海外の完成車メーカーへ広がるなど、多様性があります。また、上場企業数が多いため、投資先を検討する際に様々な選択肢があります。

　現在、自動車産業は100年に一度の大変革期にあります。競争の領域が、これまでの燃費改善や走行性能の向上から、CASE（コネクティッド、自動運転、シェアリング、電動化）と呼ばれる全く新しい分野へ転換しているからです。完成車メーカーにとってはグーグルやアップルなどのIT企業が新たな競争相手になり、自動車部品メーカーにもこうした変化への対応が迫られています。株式市場では、このような局面でも成長可能な企業が評価されていくことでしょう。

　本書は全5章から構成されています。第1章から第4章では、自動車部品セクター株に投資をするという視点で自動車産業の動向や特長、今後の業界環境の変化などを解説しています。第1章から順に読み進めていただくことをおすすめしますが、各章は独立していますので、どの章からでも読むことが可能です。第5章では個別銘柄を紹介していますので、ご興味のある企業をご覧ください。本書が自動車産業や自動車部品業界、株式投資を理解する一助となれば幸いです。

　最後に、本書は筆者がアナリストとして活動する中で、自動車部品メーカーを中心とした各企業の方々にご教示いただいたことをベースとしております。皆様のご協力により、このような書籍を執筆することができたことに御礼申し上げます。

2018年6月

坂口 大陸

◉ 目 次 ◉

はじめに

第1章　自動車産業を知る

1. 日本の自動車産業の概要 ･･････････････････････････････････ 2

2. 世界の自動車市場の動向 ･･････････････････････････････････ 5

3. グローバル化が進む日本の自動車産業 ････････････････････ 8

4. 日本の自動車業界の特徴 ･･････････････････････････････････ 11

5. 世界でも存在感を示す日系自動車部品メーカー ････････････ 16

6. 自動車を構成する各種部品を知る ･･･････････････････････ 18

7. タイヤ産業の概要 ･･ 27

第2章　株式市場における自動車部品業界と株価の見方

1. 株式市場における自動車部品業界の位置付け ････････････ 32

2. 株価が動く理由とは ････････････････････････････････････ 36

3. 業績動向を把握する ････････････････････････････････････ 37

4. 自動車部品メーカーの業績と株価への影響の考え方 ･･････ 40

5. 中長期視点では構造変化への対応が必須 ･･････････････ 52

6. バリュエーション（株価指標） ･･･････････････････････････ 53

第3章 情報の集め方

1. インターネットを通じて投資に必要な情報を得る ········· 58

2. 新車販売台数や生産台数は基本となるデータ ············· 59

3. 業界団体のホームページからも様々な情報が得られる ······ 61

4. 各種展示会に参加しよう ······························· 63

5. マスコミ情報も利用 ································ 64

6. タイヤ業界の情報 ································ 66

7. 各社のホームページで製品や特徴を知る ··············· 67

第4章 自動車部品業界のトピックス

1. 自動車産業は変革期にある ························· 74

2. 電動化が加速へ ······························· 76

3. 既存製品における環境対応 ······················· 82

4. ADAS/自動運転 ································ 85

5. 完成車メーカーからのアウトソースの流れ ··············· 88

6. 自動車の作り方の変革（モジュール化）と部品共通化 ········ 90

第5章 主要銘柄を紹介

トヨタ紡織（3116） ································ 96

ダイキョーニシカワ（4246） ························· 99

ユニプレス（5949） ································ 101

東プレ（5975） ································· 104

パイオラックス（5988） ···························· 107

ニッパツ (5991) ･････････････････････････････ 110

豊田自動織機 (6201) ････････････････････････ 114

サンデンホールディングス (6444) ･･････････････ 117

大豊工業 (6470) ･･･････････････････････････ 120

デンソー (6902) ･･･････････････････････････ 123

スタンレー電気 (6923) ･･････････････････････ 128

東海理化 (6995) ･･･････････････････････････ 131

武蔵精密工業 (7220) ･･･････････････････････ 134

日信工業 (7230) ･･･････････････････････････ 137

曙ブレーキ工業 (7238) ･････････････････････ 140

タチエス (7239) ･･･････････････････････････ 143

NOK (7240) ･･････････････････････････････ 146

フタバ産業 (7241) ･････････････････････････ 149

市光工業 (7244) ･･･････････････････････････ 152

大同メタル工業 (7245) ･････････････････････ 155

プレス工業 (7246) ･････････････････････････ 158

太平洋工業 (7250) ･････････････････････････ 161

ケーヒン (7251) ･･･････････････････････････ 164

河西工業 (7256) ･･･････････････････････････ 167

アイシン精機 (7259) ･･･････････････････････ 170

ショーワ (7274) ･･･････････････････････････ 174

小糸製作所 (7276) ･････････････････････････ 177

エクセディ (7278) ･････････････････････････ 180

豊田合成 (7282) ・・・・・・・・・・・・・・・・・・・・・・・・・・・・・ 183

愛三工業 (7283) ・・・・・・・・・・・・・・・・・・・・・・・・・・・・・ 187

日本精機 (7287) ・・・・・・・・・・・・・・・・・・・・・・・・・・・・・ 190

ヨロズ (7294) ・・・・・・・・・・・・・・・・・・・・・・・・・・・・・・・ 194

エフ・シー・シー (7296) ・・・・・・・・・・・・・・・・・・・・・・ 197

テイ・エス　テック (7313) ・・・・・・・・・・・・・・・・・・・・・ 200

ニフコ (7988) ・・・・・・・・・・・・・・・・・・・・・・・・・・・・・・・ 203

カルソニックカンセイ (非上場) ・・・・・・・・・・・・・・・・ 206

横浜ゴム (5101) ・・・・・・・・・・・・・・・・・・・・・・・・・・・・・ 209

東洋ゴム工業 (5105) ・・・・・・・・・・・・・・・・・・・・・・・・・ 212

ブリヂストン (5108) ・・・・・・・・・・・・・・・・・・・・・・・・・ 215

住友ゴム工業 (5110) ・・・・・・・・・・・・・・・・・・・・・・・・・ 218

企業名 Index ・・・・・・・・・・・・・・・・・・・・・・・・・・・・・・・・・ 221

> 本書は情報の提供のみを目的としており、取引を勧誘するもの
> ではありません。本書文章、図表は各社・業界資料等を元に著
> 者が分析・作成していますが、実際の取引にあたっては、最新
> の情報などを加味して各自の判断と責任において行って下さい。

第**1**章

自動車産業を知る

1. 日本の自動車産業の概要

✔ 裾野が広い

　1台の自動車は2万～3万点の部品を組み立てて作られます。トヨタやホンダ、日産などの完成車メーカーが最終的な組み立てを行い、完成した自動車を消費者へ販売するわけですが、その前段階として、自動車部品メーカーが車両に組み込まれる様々な部品を生産し完成車メーカーへ納入しています。さらには、その自動車部品メーカーも構成部品の全てを自社で生産するわけではなく、他の部品メーカーから調達しています。

　自動車産業は、こうした自動車の生産に直接関わる製造部門だけでも大規模ですが、それに加えて、鉄やプラスチックといった素材部門、ディーラーなどの販売・整備部門、運送業やレンタカーなど自動車の利用部門、ガソリンステーションや損害保険といった関連部門もあり、裾野の広い産業です。日本自動車工業会によれば、2016年の自動車関連産業の就業人口は534万人に上り、日本の全就業人口（6,440万人）の8.3%を占めます。

✔ 最大の製造業

　次に、自動車産業の製造業における位置付けを見てみましょう。**表1-1**は、産業中分類別の各製造業の規模を示しています。自動車や自動車部品は輸送用機械器具に含まれます。

　2015年の輸送用機械器具の出荷額は64兆7,000億円、付加価値額は18兆円とそれぞれ製造業で最大でした。また、従業者数（2016年）は104万人と食料品に次ぐ規模です。全体に占め

2

る割合（**図1-1**参照）は、出荷額が21％、付加価値額が18％、従業者数が14％です。出荷額や従業者数が多いため、自動車業界の動向が経済に与える影響は大きく、日本における基幹産業と言えます。

自動車関連は出荷額、付加価値額で最大

表1-1　製造業別の規模

産業	事業所数	従業者数 （万人）	出荷額 （兆円）	付加価値額 （兆円）
輸送用機械器具製造業	11,423	104	64.7	18.0
化学工業	4,957	35	28.6	10.5
食料品製造業	28,239	111	28.1	9.5
鉄鋼業	4,625	21	17.8	3.2
生産用機械器具製造業	20,651	56	17.8	6.7
電気機械器具製造業	9,476	48	17.4	5.8
電子部品・デバイス・電子回路製造業	4,535	38	14.8	5.2
石油製品・石炭製品製造業	962	2	14.6	0.4
金属製品製造業	28,776	58	14.3	5.8
プラスチック製品製造業（別掲を除く）	13,631	41	11.8	4.2
はん用機械器具製造業	7,336	31	10.8	4.0
飲料・たばこ・飼料製造業	4,759	10	10.2	3.2
非鉄金属製造業	2,714	13	9.7	2.0
情報通信機械器具製造業	1,465	14	8.7	2.4
窯・土石製品製造業	10,627	24	7.5	3.1
業務用機械器具製造業	4,610	21	7.3	2.9
パルプ・紙・紙加工品製造業	6,231	19	7.3	2.2
印刷・同関連業	12,185	26	5.4	2.4
繊維工業	14,745	27	4.0	1.6
ゴム製品製造業	2,664	11	3.5	1.5
木材・木製品製造業（家具を除く）	6,101	10	2.7	0.9
家具・装備品製造業	6,389	10	1.9	0.7
なめし革・同製品・毛皮製造業	1,591	2	0.3	0.1
製造業合計	217,601	750	313.1	98.0

注：事業所数、従業者数は2016年、出荷額、付加価値額は2015年。
資料：総務省・経済産業省「平成28年経済センサス-活動調査 産業別集計」を基にみずほ証券エクイティ調査部作成。

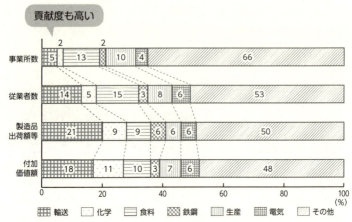

図 1-1 製造業別の構成比

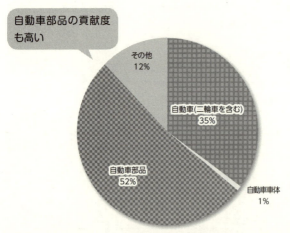

図 1-2 輸送用機械器具の出荷額内訳

✓ 輸送用機械器具の内訳

　輸送用機械器具には自動車や自動車部品だけでなく、鉄道車両や船舶、航空機、フォークリフト、自転車などが含まれますが、出荷額では自動車関連が全体の約9割を占めます。自動車関連は、自動車（二輪車を含む）、自動車車体、自動車部品に分かれ、構成比は**図1-2**の通りです。自動車はもちろん、自動車部品の貢献度も高いことがわかります。

2. 世界の自動車市場の動向

✓ 世界の新車販売台数は増加傾向

　自動車産業はグローバル化が進んでいるので、日本だけでなく世界の市場動向を見る必要があります。

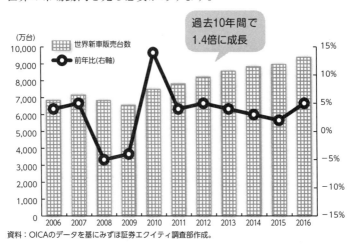

資料：OICAのデータを基にみずほ証券エクイティ調査部作成。

図2-1　世界新車販売台数の推移

世界の新車販売台数は、2016年に9,386万台と前年比4.7％増加しました。2006年は6,841万台でしたので、10年間で2,545万台増加、約1.4倍に拡大したことになります。

✓ 中国が成長をけん引し新興国市場も拡大

この間、日本と欧州の市場は縮小、米国は拡大しましたがその幅は限定的で、先進国は世界市場の成長に貢献していません。

成長をけん引したのは中国です。2006年に722万台を販売し、既に米国、日本に次ぐ世界で3番目の市場でしたが、その後の成長は著しく、2009年には米国を超え世界最大市場となりました。2016年には2,803万台を販売し、2006年の4倍近くに拡大しています（図2-2参照）。沿岸部の富裕層を中心とした乗り物であった自動車が、内陸部の大衆層へと広がっていることがそ

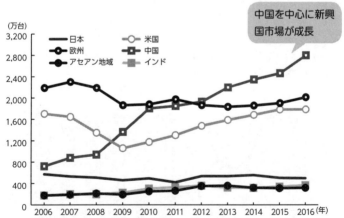

注：アセアン地域には、タイ、インドネシア、シンガポール、フィリピン、ベトナム、ミャンマー、マレーシア、カンボジア、ラオス、ブルネイが含まれる
資料：OICAのデータを基にみずほ証券エクイティ調査部作成。

図2-2　各国／地域の新車販売台数推移

第1章 自動車産業を知る

> 中国やインドが台頭

表2-1 年間販売台数上位5ヵ国の販売台数とシェア

(単位：万台)

順位	2006年 国名	販売台数	シェア(%)	2011年 国名	販売台数	シェア(%)	2016年 国名	販売台数	シェア(%)
1	米国	1,705	25	中国	1,851	24	中国	2,803	30
2	中国	722	11	米国	1,304	17	米国	1,787	19
3	日本	574	8	日本	421	5	日本	497	5
4	ドイツ	377	6	ブラジル	363	5	ドイツ	371	4
5	イギリス	273	4	ドイツ	351	4	インド	367	4
	Top5合計	3,651	53	Top5合計	4,290	55	Top5合計	5,824	62
	世界合計	6,835	100	世界合計	7,817	100	世界合計	9,386	100

資料：OICAのデータを基にみずほ証券エクイティ調査部作成。

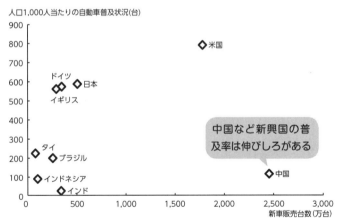

資料：OICAのデータを基にみずほ証券エクイティ調査部作成。

図2-3 各国の自動車普及率と新車販売台数

の原動力です。

　また、インド市場も大きく伸びました。2016年の販売台数は367万台と過去10年で2倍になり、世界で5番目の市場に成長しています。また、タイやインドネシアなどのアセアン市場も拡大傾向にあります。

中国やインド、アセアン地域の自動車普及率は先進国に比べて未だ低水準であり、経済成長が見込まれるなか伸びしろが大きい市場だと考えられます。

3. グローバル化が進む日本の自動車産業

✓ 日本の自動車生産台数はバブル崩壊以降減少トレンド

日本の自動車生産台数は、モータリゼーションの進展による国内新車市場の拡大や米国への輸出増加により1960年代から増加基調にありましたが、1990年度をピークに水準が低下しました。バブル崩壊後の国内新車市場の縮小や、日米貿易摩擦を受けた米国向け輸出の減少と現地生産化の進展が主な要因です。

2000年代に入ると、再び北米や欧州向けを中心に輸出台数が

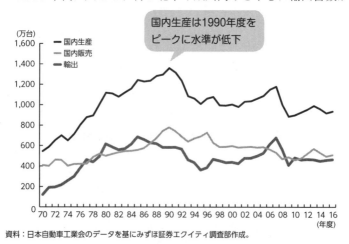

資料：日本自動車工業会のデータを基にみずほ証券エクイティ調査部作成。

図3-1　国内生産、販売、輸出台数の推移

増加したため国内生産台数も伸びましたが、リーマンショックを機に減少に転じ、その後は900万〜1,000万台で推移しています。

✓ 海外生産台数は増加基調

一方で、日系完成車メーカーの海外生産台数は増加基調です。1980年代には各社が米国で現地生産を開始し、その後も世界の新車市場の拡大に合わせて、各国／地域へ工場進出をしてきたことが背景です。

2000年以降、海外での増産をけん引したのはアジアです。中国新車市場の成長に伴う現地生産能力の拡大や、日系完成車メーカーが高いシェアを有するアセアン地域の販売台数増加が寄与しています。

特に、タイは完成車メーカーだけでなく日系自動車部品メー

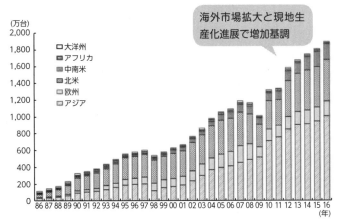

資料：日本自動車工業会のデータを基にみずほ証券エクイティ調査部作成。

図3-2　日系完成車メーカーの海外生産台数の推移

カーも積極的に進出しており、また、現地の自動車部品メーカーも育っています。そのため、トヨタやいすゞを中心に、タイ国内の需要に対応するだけでなく、周辺国や中近東、中南米などへの輸出拠点としての役割も担っています。2016 年のタイにおける生産台数は 195 万台で、販売台数（77 万台）の約 2.5 倍の規模がありました。2000 年の生産台数は 41 万台でしたので、この 16 年で約 5 倍に成長したことになります。

✔ 成長は海外、国内はマザー工場の位置付け

このように、日本の自動車産業は、過去 30 年でグローバル化が進みました。需要のあるところで自動車を生産するという地産地消の考え方と、為替変動による業績への影響を低減することにつながるため、今後も各社が海外現地生産化を進めることが見込まれます。数量面での成長の源泉は引き続き海外になるでしょう。

ただし、日本での生産がなくなるわけではありません。国内需要に対応するととともに、マザー工場として競争力の高いものづくりを維持する、また、新製品や新技術を投入した付加価値の高い自動車を生産する拠点としての役割を担います。

✔ 自動車部品メーカーの海外事業も拡大

完成車メーカーが海外現地生産化を進めたことで部品の現地調達ニーズも高まり、自動車部品メーカーの海外進出も増えました。**図 3-3** は主要自動車部品メーカーの海外セグメントの売上高構成比を 2006 年度と 2016 年度で比較したものですが、いずれも海外比率が上昇しています。

なお、武蔵精密工業、日信工業、ケーヒン、エフ・シー・シー

第1章　自動車産業を知る

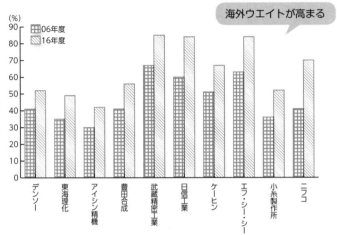

資料：各社資料を基にみずほ証券エクイティ調査部作成。

図3-3　海外セグメント売上高比率の比較

の海外比率が高いのは、インドやインドネシアなど主に新興国で展開している二輪車事業の寄与があるためです。4社は二輪車市場で世界最大手であるホンダ向けにメインサプライヤーとして関連部品を供給しています。

4. 日本の自動車業界の特徴

✓「系列：ケイレツ」が存在

　日本の自動車産業は垂直統合型で事業が展開されています。完成車メーカーが部品を発注し、それを直接納入するTier1（一次サプライヤー）、Tier1メーカーの発注に対して部品供給を行うTier2（二次サプライヤー）があり、Tier2以降も発注と納入とい

よくわかる自動車部品セクター株 入門編

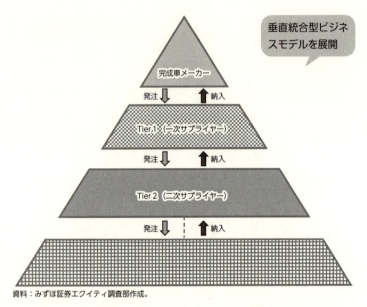

資料：みずほ証券エクイティ調査部作成。

図4-1　サプライチェーンの構造

う関係が続きます。

　この関係が、特定の完成車メーカーとそのグループサプライヤーの間でより強固に構築されているのが「系列：ケイレツ」です。完成車メーカーと自動車部品メーカーの間に資本関係があり、部品の発注、納入がグループ内を中心に行われます。系列に属する自動車部品メーカーは、完成車メーカーやグループサプライヤーとの間で綿密な摺り合わせをしながら、部品の開発や生産、納入を行います。例えば、トヨタの企業ホームページにはトヨタグループ＆サプライヤーとして豊田自動織機やデンソー、アイシン精機などが紹介されています。

✔ 「系列」のメリットとデメリット

　自動車部品メーカーにとっては、系列に属することで安定的な取引の維持・継続につながりますし、完成車メーカーと共に新型車や新技術の開発を初期段階から進めることが可能になります。また、完成車メーカーにとってもグループの力を集約することで競争力を高めることが可能になるというメリットがあります。

　一方では、特定の完成車メーカーへの依存度が高くなるため、業績がその販売や生産の動向に左右されることになります。また、完成車メーカーの意向に沿う必要が出てくる、他の完成車メーカーの技術や開発の動向がわかりにくい、といったデメリットがあります。完成車メーカーにおいては、他のメーカーに対する技術的な遅れが発生したり、コスト削減が甘くなったりする可能性があります。

✔ 完成車メーカーの「系列」に対する考え方はまちまち

　トヨタはグループ内の連携を強めています。2014年11月には、トヨタグループ内での部品事業の再編が発表されました。ブレーキやマニュアルトランスミッション、ディーゼルエンジンの開発および生産について、グループ内で重複している事業を集約しています。また、同年12月には、アイシン精機とシロキ工業の経営統合およびトヨタ紡織を含めた3社間でのシート事業の集約が発表されました。各事業において開発から生産までを一貫して手掛けることで効率化を図るとともに競争力を高めるのが狙いです。

　一方で、日産は1999年以降、系列部品メーカーの株式を売却し、脱「系列」を進めました。2017年にはグループ最大のサプライヤーで連結子会社であったカルソニックカンセイの株式を米国

よくわかる自動車部品セクター株 入門編

> 系列部品メーカーの
> 売上高依存度は高い

表4-1　系列の概要

系列	銘柄名	出資比率 (%)	売上高依存度 (%)	売上高 (億円)	営業利益 (億円)
トヨタ	豊田合成	42	66	7,556	407
	トヨタ紡織	39	約90	13,579	719
	大豊工業	33	約70	1,090	64
	東海理化	31	76	4,591	305
	フタバ産業	31	74	4,124	90
	愛三工業	28	48	2,038	82
	デンソー	24	46	45,271	3,306
	豊田自動織機	23	約20	22,505	1,230
	アイシン精機	22	60	35,626	2,287
	小糸製作所	20	約30	8,415	925
	太平洋工業	-	約60	1,037	87
ホンダ	ケーヒン	41	約90	3,256	230
	日信工業	34	約70	1,669	123
	ショーワ	33	約80	2,595	-33
	武蔵精密工業	26	約60	1,805	112
	テイ・エス テック	22	約90	4,258	346
	エフ・シー・シー	20	50	1,572	112
	スタンレー電気	5	約40	3,886	423
日産	ユニプレス	-	84	3,212	230
	河西工業	-	67	2,225	159
	ヨロズ	-	65	1,677	63
	パイオラックス	-	45	643	104
	東プレ	-	40	1,634	204
	タチエス	-	34	2,825	89
	ニッパツ	-	19	6,270	406

注1：出資比率は完成車メーカーが株主上位10社に含まれている場合に記載。
注2：出資比率は2017年末時点で公表されている数値、業績項目は2016年度。
注3：売上高依存度はみずほ証券エクイティ調査部による推定値を含む。
資料：各種資料を基にみずほ証券エクイティ調査部作成。

の投資ファンドであるKKRに売却しました。系列関係に依存することなく、他の完成車メーカーへの拡販を進め、部品の競争力をより高めることで、結果的に日産車の競争力を高めるという考

え方です。ただ、関連部品メーカーの日産への売上高依存度は依然として高いのが現状です。

ホンダは 2011 年以降、系列部品メーカーの競争力強化だけでなく、より商品力を高めるために世界各国で複数の完成車メーカーと取引のあるグローバルサプライヤーからの調達を増やしています。また、2014 年 3 月には、子会社で車体制御エレクトロニクス製品を手掛けるホンダエレシス（現 日本電産エレシス）の株式の保有分（60.8%）全てを日本電産に譲渡するなど、競争力強化に向けた資本関係の見直しも行っています。

✔ ものづくりに強み

日本の自動車産業における競争力の源泉のひとつとして、トヨタ生産方式に代表されるものづくり力が挙げられます。

トヨタの自動車生産方式はリーン生産方式やジャスト・イン・タイムとも言われます。同社の企業ホームページでは、トヨタ生産方式について、「異常が発生したら機械がただちに停止して、不良品を造らない」という考え方（ニンベンの付いた自働化）と、各工程が必要なものだけを、流れるように停滞なく生産する考え方（「ジャスト・イン・タイム」）の 2 つの考え方を柱として確立された、と説明しています。こうしたものづくりの考え方は、生産工程でのムダを省き、顧客の要望に沿った自動車を高い品質を維持した上で、タイムリーに届けることを可能にします。

また、生産現場では、生産性改善に向けた取り組みが絶えず行われています。「カイゼン」という言葉が日本だけでなく、海外の工場にも根付き、コスト面での競争力につながっています。

よくわかる自動車部品セクター株 入門編

✔ 海外は関係が異なる

日本には「系列」が存在しますが、海外では完成車メーカーと自動車部品メーカーの関係が異なります。完成車メーカーは、摺り合わせをするというよりは、それぞれの部品で価格を含めて競争力が高いものを調達する傾向にあります。また部品メーカーは、ドイツのボッシュ社やコンチネンタル社のように、自社の製品を組み合わせてシステム化することで商品力を高め、それを各完成車メーカーに提案し、販売するスタンスをとっています。

✔ 産業構造が変化する可能性

現在、自動車産業は自動運転や電動化などこれまでにない変革期にあります。自動車業界だけでなく、電子部品、半導体、IT企業など異業種が参入し、産業構造が垂直統合型から水平分業型へ変わる可能性があります。自動車部品メーカーにはシステムサプライヤー化が求められ、系列を超えて事業を進める必要性が高まっています。

5. 世界でも存在感を示す日系自動車部品メーカー

日本の自動車部品メーカーは世界でも活躍し、存在感を示しています。**表5-1**は世界の自動車部品メーカーの売上高上位10社です（2016年度、円換算ベース）。

デンソーは、ドイツのボッシュ社やコンチネンタル社と並ぶ世界最大級の規模を持つ自動車部品メーカーで、カーエアコンなど世界トップシェアの製品もあります。同社は、トヨタ系部品メー

> トップ10にデンソー、ア
> イシン精機がランクイン

表5-1　世界の自動車部品メーカーの売上高比較（2016年度）

順位	会社名	本社	売上高（億円）	決算月
1	Bosch	ドイツ	48,892	12月
2	デンソー	日本	45,271	3月
3	Magna International	カナダ	39,499	12月
4	ZF	ドイツ	39,133	12月
5	現代モービス	韓国	36,119	12月
6	アイシン精機	日本	35,626	3月
7	Continental	ドイツ	27,260	12月
8	Lear	米国	20,113	12月
9	Valeo	フランス	18,382	12月
10	Adient	米国	18,197	12月

注：為替レートは2016年度の平均値を採用（1米ドル＝108.38円、1ユーロ＝111.28円、1韓国ウォン＝0.0944）。
注：Boschはモビリティソリューションズ事業、Continentalはオートモーティブグループ部門の売上高。
資料：会社資料、各種報道を基にみずほ証券エクイティ調査部作成。

カーですが、2016年度のトヨタグループへの売上高依存度は5割を切り、ホンダやクライスラー、GM、フォード、現代・起亜、フォルクスワーゲンなど世界各国の完成車メーカーと取引があります。

また、アイシン精機もトップ10にランクインしています。同社もトヨタグループに属しますが、売上高の約4割（2016年度）はフォルクスワーゲンやBMW、プジョー、ボルボ、GM、日産などトヨタ以外の完成車メーカー向けです。特に世界シェアトップを誇るオートマチックトランスミッションは、欧州完成車メーカーに加え中国民族系メーカーにも販売が伸びています。

よくわかる自動車部品セクター株 入門編

---

6. 自動車を構成する各種部品を知る

　前述の通り、1台の自動車には2万～3万点の部品が搭載されます。ここでは、主にどのような部品があるのかを紹介します。すべてを網羅しているわけではありませんが、主要な部品について把握することは、株式投資にも役立つはずです。

　なお、自動車部品メーカー各社の主要生産品目については、第5章「主要銘柄を紹介」をご参照ください。冒頭で品目別一覧表を載せているほか、銘柄ごとのページにも記載があります。

✔ 自動車部品出荷動向

　表6-1は、日本自動車部品工業会（部工会）が公表している自動車部品出荷額の推移です。部工会の正会員企業を対象に毎年の出荷額を調査した結果です。

　全体の出荷額は2000年代に自動車業界の業容拡大に合わせて増加し、2007年度に20兆9,000億円とピークを付けました。リーマンショック（2008年）により2008年度、2009年度は落ち込みましたが、その後は回復傾向にあります。ただし、2016年度時点では2007年度の水準には戻っていません。調査に回答した正会員の企業数が減少していることもありますが、国内自動車生産台数の減少や海外での現地生産化の進展が背景と考えられます。

　品目別では、大項目は部品、用品、その他に分かれます。さらに、部品は、エンジン部品、電装品・電子部品、照明・計器など電気・電子部品、駆動・伝導及び操縦装置部品、懸架・制動装置部品、車体部品の6品目に分けられます。

第1章　自動車産業を知る

出荷額は2007年度が最高　　表6-1　品目別出荷額の推移

	07年度	08年度	09年度	10年度	11年度	12年度	13年度	14年度	15年度	16年度
【出荷額(億円)】										
エンジン部品	33,284	28,193	25,297	26,337	26,923	26,551	28,058	28,695	27,944	28,146
電装品・電子部品	20,738	17,606	18,776	21,336	21,457	22,962	24,878	25,211	24,479	23,918
照明・計器など電気・電子部品	31,609	26,979	23,931	25,640	25,643	26,794	27,789	28,522	28,652	30,088
駆動・伝導及び操縦装置部品	41,233	36,567	33,522	36,844	38,881	35,492	40,894	40,832	41,376	42,913
懸架・制動装置部品	12,189	10,752	9,609	11,522	12,677	10,888	11,454	10,807	10,335	10,295
車体部品	48,151	40,142	38,230	39,487	38,702	37,595	37,338	39,150	39,722	41,684
部品計	187,204	160,239	149,365	161,166	164,284	160,281	170,411	173,217	172,508	177,045
カーラジオ及びカーステレオ	4,085	2,957	2,687	2,944	2,705	2,727	4,076	3,398	3,099	2,739
冷房装置及び暖房装置	9,021	5,608	6,771	5,989	7,435	6,573	6,632	6,864	7,470	7,446
その他用品	1,176	3,486	1,110	1,237	1,387	1,217	1,334	1,471	1,653	1,626
用品計	14,282	12,051	10,568	10,170	11,527	10,517	12,042	11,733	12,222	11,811
その他(情報関連部品)	7,679	6,725	6,642	6,563	6,850	7,122	6,538	13,057	6,475	8,209
合計	209,165	179,014	166,574	177,899	182,661	177,920	188,991	198,006	191,205	197,065
【前年度比(%)】										
エンジン部品	16.6	-15.3	-10.3	4.1	2.2	-1.4	5.7	2.3	-2.6	0.7
電装品・電子部品	8.4	-15.1	6.6	13.6	0.6	7.0	8.3	1.3	-2.9	-2.3
照明・計器など電気・電子部品	6.8	-14.6	-11.3	7.1	0.0	4.5	3.7	2.6	0.5	5.0
駆動・伝導及び操縦装置部品	12.5	-11.3	-8.3	9.9	5.5	-8.7	15.2	-0.2	1.3	3.7
懸架・制動装置部品	13.0	-11.8	-10.6	19.9	10.0	-14.1	5.2	-5.7	-4.4	-0.4
車体部品	6.3	-16.6	-4.8	3.3	-2.0	-2.9	-0.7	4.9	1.5	4.9
部品計	10.1	-14.4	-6.8	7.9	1.9	-2.4	6.3	1.6	-0.4	2.6
カーラジオ及びカーステレオ	-8.0	-27.6	-9.1	9.6	-8.1	0.8	49.5	-16.6	-8.8	-11.6
冷房装置及び暖房装置	7.9	-37.8	20.7	-11.5	24.1	-11.6	0.9	3.5	8.8	-0.3
その他用品	1.0	196.3	-68.2	11.5	12.2	-12.2	9.6	10.2	12.4	-1.6
用品計	2.3	-15.6	-12.3	-3.8	13.3	-8.8	14.5	-2.6	4.2	-3.4
その他(情報関連部品)	27.0	-12.4	-1.2	-1.2	4.4	4.0	-8.2	99.7	-50.4	26.8
合計	10.1	-14.4	-6.9	6.8	2.7	-2.6	6.2	4.8	-3.4	3.1
【構成比(%)】										
エンジン部品	15.9	15.7	15.2	14.8	14.7	14.9	14.8	14.5	14.6	14.3
電装品・電子部品	9.9	9.8	11.3	12.0	11.7	12.9	13.2	12.7	12.8	12.1
照明・計器など電気・電子部品	15.1	15.1	14.4	14.4	14.0	15.1	14.7	14.4	15.0	15.3
駆動・伝導及び操縦装置部品	19.7	20.4	20.1	20.7	21.3	19.9	21.6	20.6	21.6	21.8
懸架・制動装置部品	5.8	6.0	5.8	6.5	6.9	6.1	6.1	5.5	5.4	5.2
車体部品	23.0	22.4	23.0	22.2	21.2	21.1	19.8	19.8	20.8	21.2
部品計	89.5	89.5	89.7	90.6	89.9	90.1	90.2	87.5	90.2	89.8
カーラジオ及びカーステレオ	2.0	1.7	1.6	1.7	1.5	1.5	2.2	1.7	1.6	1.4
冷房装置及び暖房装置	4.3	3.1	4.1	3.4	4.1	3.7	3.5	3.5	3.9	3.8
その他用品	0.6	1.9	0.7	0.7	0.8	0.7	0.7	0.7	0.9	0.8
用品計	6.8	6.7	6.3	5.7	6.3	5.9	6.4	5.9	6.4	6.0
その他(情報関連部品)	3.7	3.8	4.0	3.7	3.8	4.0	3.5	6.6	3.4	4.2
合計	100.0	100.0	100.0	100.0	100.0	100.0	100.0	100.0	100.0	100.0

資料:日本自動車部品工業会「自動車部品出荷動向調査」を基にみずほ証券エクイティ調査部作成。

用品は、カーラジオ及びカーステレオ、冷房装置及び暖房装置のほかに、チャイルドシートや小型充電器、空気清浄器、自動車塗料があります。その他は、ナビゲーションシステムや ETC などの情報関連部品が含まれます。

✔ 部品に分類される 6 品目の概要

(1) エンジン部品

2016 年度の出荷額は 2 兆 8,146 億円で全体の 14.3％を占めました。

ボンネットを開ければエンジン自体は確認できますが、各部品はエンジン内に組み込まれてしまっているので外部からは見えません。ガソリンを噴射するノズル(インジェクター)や、ピストン、ピストンリング、シリンダライナといったガソリンが燃焼する部分に搭載される部品に加え、吸気および排気部品、ラジエータ、マフラー、燃料ポンプなどが含まれます。

自動車の燃費を左右するため、各モデルの競争力にもつながる重要部品です。一般的には部品のサイズが小さく輸送効率が高いため、日本で集中生産されてきましたが、近年では自動車メーカーがエンジンの組み立てを海外で行うケースも増えてきており海外現地生産化も進んでいます。

中長期的な自動車業界の変化である電動化、特にモーターとバッテリーで動く電気自動車 (EV) へのシフトは、エンジン部品の販売減少につながります。電動化については、第 4 章で紹介しますのでご参照ください。

第 1 章 自動車産業を知る

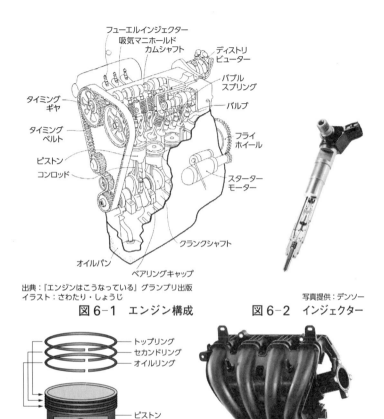

図 6-1　エンジン構成　　図 6-2　インジェクター

図 6-3　ピストンリング　　図 6-4　排気系（インテークマニホールド）

(2) 電装品・電子部品

2016年度の出荷額は2兆3,918億円で構成比は12.1%でした。

エンジンが自立的に作動することが可能なレベルまで回転させるための始動モーターや、充電発電機（オルタネータ）、燃料に空気を混ぜた混合気に点火するスパークプラグ、エンジンやオー

よくわかる自動車部品セクター株🚗入門編

オルタネータ

ミリ波レーダー

スパークプラグ
写真提供：デンソー

図6-5　電装品・電子部品

トマチックトランスミッションの制御装置、ブレーキ関連電子装置（ABS：アンチロックブレーキシステムなど）が含まれます。

また、ミリ波レーダーやカメラといった衝突回避・軽減装置は、高度運転支援システムや自動運転車両に搭載が進む見通しで、今後の成長が期待される分野です。自動運転についても第4章をご参照ください。

(3) 照明・計器など電気・電子部品

2016年度の出荷額は3兆88億円、全体の15.3%を占めました。

ヘッドランプやリアコンビネーションランプなどの各種照明やメーター、ワイパーモーター、スイッチ類、ワイヤーハーネスなどが含まれます。

第1章 自動車産業を知る

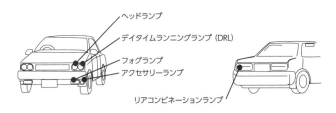

図6-6 各種ランプ

画像提供：日本精機

図6-7 メーター

　ヘッドランプは、夜間の視認性を向上させることで安全運転に寄与する重要な部品です。最近では、光源がハロゲン電球からLEDへシフトし、より遠くをより明るく照らすことで夜間走行時の安全性が増しています。また、ロービームとハイビームを自動で切り替える機構の搭載が始まるなど高機能化が進展中です。自動車メーカーにとっては、LEDヘッドランプの採用により外観デザインの多様化につながるため、製品の付加価値が高まります。

(4) 駆動・伝導及び操縦装置部品

　2016年度の出荷額は4兆2,913億円、構成比は21.8％と最大の品目です。

　エンジンから出力された力をタイヤに伝え、自動車を動かす役割を果たす製品群です。オートマチックトランスミッションおよ

23

びその関連部品であるギアやシャフトのウエイトが大きく、ステアリング（ハンドル操作）関連製品なども含まれます。

オートマチックトランスミッションは、中国でマニュアルトランスミッションからシフトするなど、今後新興国市場で販売が伸びる見通しですが、一方で、EV化の進展で需要が減少する可能性もあります。

写真提供：日本発条（ニッパツ）

図6-8　各種ばね

ディスクブレーキ　　　　　　　ドラムブレーキ

画像提供：曙ブレーキ工業

図6-9　ディスクブレーキおよびドラムブレーキ

(5) 懸架・制動装置部品

2016年度の出荷額は1兆295億円で全体に占める割合は5.2%でした。

懸架部品は各種ばねやショックアブソーバなどです。自動車の走行時に発生する振動を抑え、快適に走行する役割を担います。制動装置は、ブレーキ装置を指し、ドラムブレーキやディスクブ

第 1 章　自動車産業を知る

写真提供：ダイキョーニシカワ

図 6-10　車体の内装および外装

レーキ、それに関連する摩擦材やホース、パイプ類が含まれています。

(6) 車体部品

　2016 年度の出荷額は 4 兆 1,684 億円、構成比は 21.2％と駆動・伝導及び操縦装置部品に次ぐ規模です。

25

自動車の内装品や外装品が含まれます。内装品では、シートやその構成部品、ドアハンドルやドアロック、車体の隙間からの雨の侵入や騒音を防ぐ効果のあるあるウェザーストリップ、ダッシュボードやパネル、コンソールボックスなどがあります。また、シートベルトやエアバッグといった安全部品も含まれます。外装品は、自動車の骨格など各種プレス製品です。

✓ 電装品・電子部品、駆動系部品の構成比が上昇傾向

図6-11は、部品6品目の出荷額全体に占める割合の推移です。構成比が上昇傾向にあるのは電装品・電子部品と駆動・伝導及び操縦装置部品です。

電装品・電子部品の構成比は、02年度の8.9%から16年度に12.1%へ3.2pt上昇しました。ABSやESC(横滑り防止装置)といったブレーキ関連電子装置、リモートキー、スパークプラグ、

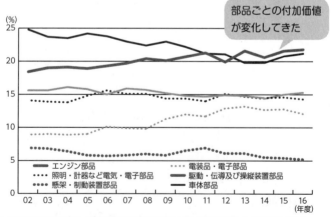

資料：日本自動車部品工業会「自動車部品出荷動向調査」を基にみずほ証券エクイティ調査部作成。

図6-11　品目別構成比の推移

オートマチックトランスミッション制御装置の出荷額が伸びています。また、各種センサーなど衝突回避・軽減装置も増加傾向です。

駆動・伝導及び操縦装置部品の16年度の構成比は21.8％で、02年度の18.4％から3.4pt上昇しました。オートマチックトランスミッションとその関連部品や電動パワーステアリング関連部品の販売増加が寄与しています。

一方で、車体部品は構成比が低下し、エンジン部品や懸架・制動装置部品の構成比は横ばいです。自動車における付加価値が燃費改善効果のある製品や新技術へシフトしていることが読み取れます。今後も、このような傾向が続くと見込まれます。

7. タイヤ産業の概要

✔ B to C のビジネスが中心

タイヤはクルマを構成する部品のなかで唯一、走行時に路面に接する重要部品です。たった4本のタイヤで1〜1.5トンある車重全てを支えています。

タイヤメーカーの事業は他の自動車部品メーカーとは異なります。自動車部品メーカーと同様に完成車メーカー向けに新車用タイヤを納めていますが、事業の中心は一般消費者向けに交換用のタイヤを販売する市販用タイヤです。読者の中にも、すり減ったタイヤを交換したり、降雪時にスタッドレスタイヤに履き替えた経験のある方がいるでしょう。2016年の国内タイヤ需要（四輪車用）は、新車用が4,277万本であったのに対し、市販用が7,047万本でした。

✓ 日本のタイヤ産業の規模

日本のタイヤメーカーは、ブリヂストン、住友ゴム工業、横浜ゴム、東洋ゴム工業の4社で、各メーカーがそれぞれのブランドのタイヤを生産し販売しています。日本の産業中分類別ではゴム製品に該当し、2015年の出荷額は3.5兆円、付加価値額は1.5兆円でした。2016年の従業者数は11万人です。

✓ 自動車産業と同様にグローバル化が進んでいる

タイヤ産業も日本以外の各国に工場を構え、海外市場の成長を取り込んでいます。図7-1に示すように、タイヤメーカー4社ともに海外での生産比率（ゴム量ベース）が上昇傾向です。今後も中国など新興国における新車市場拡大により、市販用タイヤの需要増加が見込まれ、海外生産比率が上昇すると考えられます。

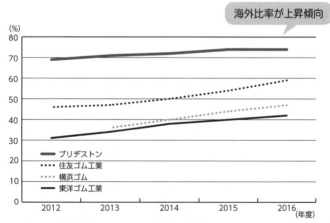

資料：各社資料を基にみずほ証券エクイティ調査部作成。

図7-1　海外でのタイヤ生産比率の推移

第 1 章　自動車産業を知る

✔ 世界のタイヤメーカーのシェア

　世界のタイヤ売上高トップ 10 は**表 7-1** の通りです。ブリヂストンが世界最大のタイヤメーカーで、フランスのミシュラン社、米国のグッドイヤー社と続きます。また、2016 年時点で住友ゴム工業が 6 位、横浜ゴムが 8 位となっています。

　シェアの傾向としては、新興国の市販用タイヤ市場が拡大してきたことや中国など新興国メーカーの台頭により、大手 3 社のシェアが低下傾向にあります。上位メーカーは、低燃費タイヤやランフラットタイヤ、大口径のタイヤなど高付加価値品を開発することで競争力を維持する見通しです。

> ブリヂストンが世界最大

表 7-1　タイヤ売上高シェアトップ 10 の推移

(単位：ドル、%)

順位	企業名	国名	2016年売上高(ドル)	2000年	2010年	2011年	2012年	2013年	2014年	2015年	2016年
1	ブリヂストン	日本	221 億	19.8	15.9	15.1	15.1	14.6	14.5	15.0	14.6
2	ミシュラン	フランス	211 億	19.0	14.6	14.6	13.9	13.7	13.7	13.8	14.0
3	グッドイヤー	米国	136 億	18.3	11.0	10.9	10.0	9.4	9.1	9.2	9.0
4	コンチネンタル	ドイツ	108 億	7.1	5.3	5.7	5.8	6.0	6.6	6.7	7.2
5	ピレリ	イタリア	64 億	3.7	4.1	4.1	4.0	4.3	4.4	4.3	4.0
6	住友ゴム工業	日本	60 億	4.0	3.8	3.9	4.1	3.7	3.8	3.8	4.0
7	ハンコックタイヤ	韓国	50 億	－	2.9	3.1	3.3	3.7	3.1	3.3	3.3
8	横浜ゴム	日本	42 億	3.6	3.1	3.2	2.9	2.6	2.6	2.6	2.8
9	マキシス / 正新	台湾	39 億	－	2.2	2.3	2.4	2.6	2.5	2.4	2.6
10	杭州中策ゴム	中国	32 億	－	2.1	2.3	2.4	2.4	2.3	2.1	2.1

資料：「タイヤ年鑑2017」を基にみずほ証券エクイティ調査部作成。

29

第 **2** 章

株式市場における
自動車部品業界と
株価の見方

1. 株式市場における自動車部品業界の位置付け

✓ 輸送用機器の時価総額は電気機器に次ぐ規模

自動車産業は日本の基幹産業であるということは第1章でお伝えしました。株式市場においてはどうでしょう。

東京証券取引所は、市場第一部に上場している普通株式全銘柄を33業種に分類しています。完成車メーカーや自動車部品メーカーは輸送用機器に区分され、上場企業数は63社です。輸送用機器の時価総額ウエイトは2017年12月末時点で8.9％と電気機器に次ぐ規模があり、株式市場においても大きな存在です。

✓ 完成車メーカーが時価総額上位

東証一部には2017年12月末時点（以下、同じ）で2,065も

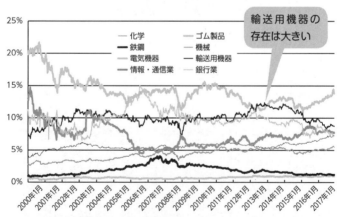

資料：QUICKを基にみずほ証券エクイティ調査部作成。

図1-1　東証一部の業種別時価総額ウエイトの推移

第 2 章　株式市場における自動車部品業界と株価の見方

> トヨタが東証
> 一部で最大

表 1-1　完成車メーカー 10 社の時価総額等

銘柄名	コード	時価総額 (億円)	売買代金 (億円)	株価 (円)	最低投資金額 (円)
トヨタ	7203	235,360	363.6	7,213	721,300
ホンダ	7267	69,957	159.0	3,862	386,200
日産自動車	7201	47,420	125.8	1,124	112,350
スズキ	7269	32,083	97.2	6,534	653,400
SUBARU	7270	27,560	167.7	3,583	358,300
いすゞ	7202	16,010	36.5	1,887	188,700
ヤマハ発動機	7272	12,929	53.3	3,695	369,500
三菱自動車	7211	12,131	41.7	814	81,400
マツダ	7261	9,550	71.4	1,512	151,150
日野自動車	7205	8,389	21.8	1,460	146,000

注1.　時価総額、株価、最低投資金額は2017年12月29日時点。
　　2.　売買代金は25日移動平均。
　　3.　各銘柄とも売買単位は100株。
資料：QUICKのデータを基にみずほ証券エクイティ調査部作成。

の企業が上場しています。時価総額トップはトヨタで23兆5,000
億円でした。2位は三菱UFJフィナンシャルグループの11兆
6,000億円です。トヨタ以外にも、9位にホンダ、24位に日産、
43位にスズキと上位50社に4社の完成車メーカーが入ってい
ます。

✔ 自動車部品メーカーの筆頭はデンソー

　自動車部品メーカーでは、デンソーの時価総額が5兆4,000
億円（17位）で、輸送用機器内でもトヨタ、ホンダに次ぐ3番目
の規模です。デンソー以外にも豊田自動織機やアイシン精機が上
位100社にランクインし、それに小糸製作所を加えた4社は、
いずれも時価総額が1兆円を超えています。

　自動車部品メーカーの場合、普段の生活において会社名を目に

33

よくわかる自動車部品セクター株❶入門編

する機会が少ないですし、その企業が何を生産しているかを会社名からイメージするのは難しいことが多いでしょう。しかし、東証一部上場企業のなかでは、一般に良く知られた会社と同程度の規模を持ち存在感もあります。

　例えば、デンソーの前後には、任天堂（13位、時価総額5兆8,000億円）、日本郵政（14位、同5兆8,000億円）、キヤノン（15位、同5兆6,000億円）、みずほフィナンシャルグループ（18位、5兆2,000億円）、三菱商事（20位、同4兆9,000億円）、ファーストリテイリング（22位、同4兆8,000億円）などの大企業が並んでいます。また、豊田自動織機は富士フイルムホールディングスや資生堂と同水準ですし、アイシン精機はセコムやニトリホールディングスと肩を並べています。

　表1-2に第5章で紹介する自動車部品メーカーの時価総額などを示すので参考にしてください。

✔ タイヤメーカーはブリヂストンが圧倒的

　タイヤメーカーは東証33業種分類ではゴム製品に区分されます。ブリヂストンの時価総額が4兆3,000億円（26位）とタイヤメーカーのなかでは断トツです。

34

第 2 章　株式市場における自動車部品業界と株価の見方

> デンソーを筆頭に
> 1兆円企業が4社

表 1-2　自動車部品メーカーの時価総額等

銘柄名	コード	時価総額 (億円)	売買代金 (億円)	株価 (円)	最低投資金額 (円)
デンソー	6902	53,703	111.3	6,763	676,300
豊田自動織機	6201	23,591	30.3	7,240	724,000
アイシン精機	7259	18,653	36.2	6,330	633,000
小糸製作所	7276	12,735	26.4	7,920	792,000
スタンレー電気	6923	8,052	20.6	4,575	457,500
NOK	7240	4,555	10.9	2,631	263,100
トヨタ紡織	3116	4,427	10.1	2,359	235,900
ニフコ	7988	4,134	13.1	7,690	769,000
豊田合成	7282	3,727	6.4	2,867	286,700
テイ・エステック	7313	3,152	6.2	4,635	463,500
ニッパツ	5991	3,026	9.2	1,240	124,000
東海理化	6995	2,235	5.3	2,372	237,200
東プレ	5975	1,726	2.9	3,195	319,500
ケーヒン	7251	1,697	4.8	2,294	229,400
エクセディ	7278	1,693	2.7	3,485	348,500
エフ・シー・シー	7296	1,560	2.4	2,963	296,300
日本精機	7287	1,473	1.3	2,419	241,900
日信工業	7230	1,462	3.3	2,233	223,300
ユニプレス	5949	1,452	5.7	3,035	303,500
ダイキョーニシカワ	4246	1,348	3.3	1,824	182,400
パイオラックス	5988	1,315	1.7	3,350	335,000
武蔵精密工業	7220	1,124	3.9	3,600	360,000
太平洋工業	7250	1,071	2.8	1,751	175,100
ショーワ	7274	1,065	4.5	1,401	140,100
市光工業	7244	965	5.9	1,003	100,300
フタバ産業	7241	940	3.0	1,049	104,900
愛三工業	7283	831	2.0	1,323	132,300
プレス工業	7246	779	2.6	683	68,300
タチエス	7239	752	2.0	2,063	206,300
河西工業	7256	734	2.1	1,858	185,800
サンデン HD	6444	635	3.4	2,262	226,200
ヨロズ	7294	607	1.4	2,422	242,200
大同メタル工業	7245	501	0.9	1,115	111,500
大豊工業	6470	488	0.6	1,677	167,700
曙ブレーキ工業	7238	419	4.6	308	30,800

注1.　時価総額、株価、最低投資金額は2017年12月29日時点。
注2.　売買代金は25日移動平均。
注3.　各銘柄とも売買単位は100株。
資料：QUICKのデータを基にみずほ証券エクイティ調査部作成。

よくわかる自動車部品セクター株 入門編

> ブリヂストンの
> 規模が大きい

表1-3　タイヤメーカーの時価総額等

銘柄名	コード	時価総額 （億円）	売買代金 （億円）	株価 （円）	最低投資金額 （円）
ブリヂストン	5108	42,590	116.6	5,238	523,800
住友ゴム工業	5110	5,513	27.2	2,096	209,600
横浜ゴム	5101	4,685	16.8	2,763	276,300
東洋ゴム工業	5105	2,961	19.9	2,328	232,800

注1.　時価総額、株価、最低投資金額は2017年12月29日時点。
　　2.　売買代金は25日移動平均。
　　3.　各銘柄とも売買単位は100株。
資料：QUICKのデータを基にみずほ証券エクイティ調査部作成。

2. 株価が動く理由とは

✓ 株価は需要と供給の均衡点

　株価は日々刻々と変動していますが、そもそも株価はどのように して決まっているのでしょうか。まず、現在の株価というのは、 需要と供給が均衡した価格です。つまり、ある会社の株式を買い たい人と売りたい人がいて、その双方の株数や価格が一致した時 に売買が成立し株価が決定されます。ちなみに、その売買の場を 提供しているのが証券取引所であり、売買注文を証券取引所に取 り次いでいるのが証券会社です。

✓ 投資家それぞれの意向を反映

　株式市場の参加者は、国内外の機関投資家や事業法人、個人投 資家と様々であり、売買の別やその理由、売買したい株数、価格 など、それぞれで意向が異なります。

36

第 2 章　株式市場における自動車部品業界と株価の見方

　例えば、A 社の株式を買う理由は、「A 社のことが好き」、「商品が人気」、「株主優待が魅力的」、「配当利回りが高い」、「業績が伸びそう」、など投資家により様々です。逆に売る理由は、「既に利益が出ている」、「今後は B 社の株式の方が値上がりしそう」、「業績が悪くなりそう」、「残念ながら株価が下がっているけれども元には戻らなそう」、といった具合です。

✔ 株価は成長期待の変化を反映し変動する

　株式を買うということは、その会社にお金を投資するということです。従って、その投資に見合った利益が求められます。一般的にその利益に相当するのは値上がり益です。つまり投資家は、自身が買った価格よりも株価が上がることを期待して投資を行うのです。

　自身が買った後に株価が上がるということは、別の投資家が継続的に買っている状態です。このような状態になるためには、会社の成長期待が広がる必要があります。会社の利益が伸びる見込みが増せば株価は上がりますし、逆に利益が減少するという懸念が広がれば株価は下がります。期待の変化が株価を動かす要因であり、その変化を捉える上で業績動向を把握することは重要です。

3.　業績動向を把握する

✔ 決算発表で業績をチェック

　各企業の業績動向を把握する上で決算発表は重要なポイントです。自動車部品メーカーの多くは決算期が 3 月ですので、2016 年度であれば 2016 年 4 月から 2017 年 3 月までの一年間を指し

ます。それを 3 ヵ月ごとに区切り、四半期ごとに各社が決算を発表しています。例えば、第 1 四半期（4-6 月）決算は、7 月下旬から 8 月中旬にかけて発表されます。なお、タイヤメーカーの決算期は 12 月ですので、2016 年度は 2016 年 1 月から 12 月を指します。

決算発表のスケジュールは、各社のホームページや日本取引所グループのホームページで「上場会社情報」の「決算発表・株主総会予定日」へ進むことで閲覧可能です。また、日本経済新聞にも決算発表予定が掲載されます。

✔ 決算発表で確認するべきポイント

決算が発表されたら決算短信で概況を確認してください。決算短信は、日本取引所グループのホームページで「上場会社情報」の「適時開示情報閲覧サービス（TDnet）」へ進むと取得することができます。

主なチェックポイントは、1 ページ目に記載がある連結経営成績（売上高や営業利益、売上高営業利益率、ROE など）、連結業績予想、連結財務状況（自己資本比率など）です。連結経営成績に関しては、前年の同じ時期に比べて売上高や営業利益が増えたのか減ったのか、また、会社が発表していた計画に対する進捗はどうかなどをチェックします。連結業績予想では、期初であれば前期実績に対する増減、四半期では会社計画修正の有無を確認します。

また、2 ページ目の注記事項もチェックしましょう。子会社の異動や会計方針の変更、発行済株式数などが記載されています。最近は、会計基準を日本基準から国際基準（IFRS）に変更する企

業が増えていますので、変更の有無を確認する必要があります。

　詳細情報は3ページ目以降に記載されています。連結損益計算書や貸借対照表に加え、事業別セグメントや所在地別セグメントごとの業績が載っていますので、実績の背景を理解することができます。

✔ 期待値との比較で株価へのインパクトを考える

　発表された決算の株価への影響を測るには、その会社の現在の期待値を知る必要があります。業績が前年同期と比較してどんなに伸びていても、あるいは会社が業績予想を上方修正してもそれが期待値を下回れば失望され株価は下がりますし、逆に悪くても期待値を上回れば好感され、株価が上がることがあるからです。

　株式市場での期待値を測るひとつの方法がアナリストコンセンサスです。証券会社に所属するアナリストは、上場会社を調査・分析し、その結果をアナリストレポートとして発信しています。各社のアナリストの業績予想を平均したものがアナリストコンセンサスです。その内容はIFIS株予報で見ることができますので、決算発表前にチェックし、実績との差異を確認してください。

✔ 決算発表の捉え方

　実際に、決算が発表されると株価が大きく上下するケースがよくあります。ただし、特に四半期決算発表時にはその動きに対して必要以上に一喜一憂しないことをお勧めします。四半期決算は、あくまで直近3カ月間の業績であり途中経過です。各社の年間計画に対する進捗や業績トレンドの変化をチェックするポイントと捉えてください。

39

年度の決算発表は、一年間事業を営んだ結果ですのでより重要です。実績だけでなく翌年度の計画も発表されますし、中期経営計画が公表されるケースもあります。会社の成長性を見極める材料になります。

4. 自動車部品メーカーの業績と株価への影響の考え方

✓ 自動車部品業界の業績は拡大トレンド

ここからは自動車部品メーカーについてみていきます。まずは業績の推移です。**図4-1**は自動車部品メーカーの売上高と日系完成車メーカー大手3社（トヨタ、ホンダ、日産）合計の世界生産台数の推移、**図4-2**は自動車部品メーカーの営業利益と営業

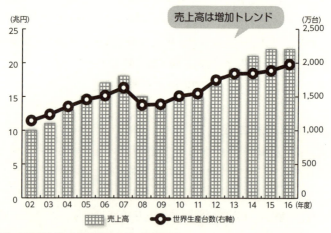

資料：各社資料を基にみずほ証券エクイティ調査部作成。

図4-1　自動車部品業界の売上高と自動車生産台数の推移

第2章 株式市場における自動車部品業界と株価の見方

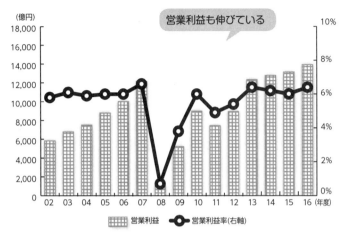

資料：各社資料を基にみずほ証券エクイティ調査部作成。

図4-2 自動車部品業界の営業利益と営業利益率の推移

利益率の推移です。売上高、営業利益ともに落ち込んだ時期（2008年：リーマンショック、2011年：東日本大震災、タイの洪水）がありますが、トレンドとしては伸びています。

ただし、リーマンショックの前後では事業環境が変化しており、業績が拡大した理由も異なります。

なお、ここでいう自動車部品メーカーの売上高と営業利益というのは、第5章で紹介している自動車部品メーカー36社の合計値です。

✓ リーマンショック前は自動車生産台数増加が成長をけん引

リーマンショック前の完成車メーカー大手3社の世界生産台数は、海外の新車市場の拡大やシェア上昇により、2002年度の

1,143万台から2007年度に1,630万台へ増加しました。5年間で約4割の成長です。自動車部品メーカーの業績も、増産効果や自動車の機能向上に伴う1台当たり納入単価の上昇、新規顧客への拡販などにより拡大しました。売上高は5年間で約8割伸び、世界生産台数を上回る成長を遂げています。

✓ リーマンショック後は実質的な成長率が鈍化

一方で、リーマンショック後は状況が異なります。世界生産台数は2008年度の1,376万台を底に再び増加基調に転じ、2013年度には2007年度の水準を超え、2016年度に1,979万台へ増加しました。自動車部品メーカーの売上高も世界生産台数の増加に合わせて伸びてはいますが、対米ドルを中心に円安が進んだ効果も含まれているため、実質的には成長率が鈍化しています。

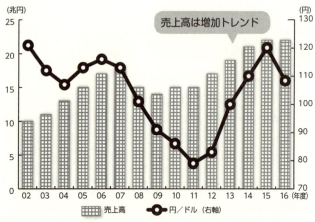

資料：各社資料およびQUICKのデータを基にみずほ証券エクイティ調査部作成

図4-3　自動車部品業界の売上高と円ドルレートの推移

世界生産台数が伸びたのは海外、主に中国やアセアン地域などの新興国です。新興国では1台当たりの売上高が相対的に少ない小型低価格車の販売が伸びています。同時に、相対的に単価の高い日本の自動車生産台数は減少しました。こうした市場の構造変化や、自動車部品メーカー間の競争がグローバルで激化していることが売上高の実質的な成長率鈍化の背景です。

✔ 業績変動要因や企業間格差を生む背景を知る

自動車部品メーカー各社の業績は、トレンドとしては似通っています。2000年代に拡大し、2007年度に過去最高を更新、リーマンショックで落ち込み、その後は回復、という会社が多数です。ただし、当然ながら会社ごとにその推移や水準は異なります。その差異が将来に対する期待の変化につながり、株価を動かします。以下では業績変動要因、特に影響が大きいものや企業間格差を生む背景について解説します。

(1) 販売数量

系列完成車メーカーの生産動向を確認

最初に販売数量です。世界新車市場のトレンドはもちろん重要です。ただ、自動車部品メーカーにとっては顧客である完成車メーカーの生産台数が直接的な業績変動要因になります。

日本の自動車産業には系列がありますので、まずは系列完成車メーカーの生産台数を確認することで、販売数量のトレンドを知ることができます（**図4-4**参照）。その好不調に応じて系列部品メーカーの業績に変化が生じ、株価にも反映されます。系列に属さない独立系部品メーカーについては、売上高依存度に応じて主要顧客の生産動向を確認するとよいでしょう。

よくわかる自動車部品セクター株 入門編

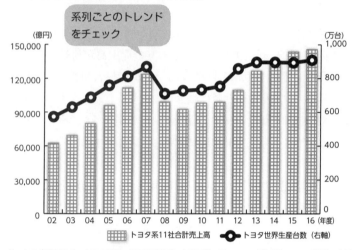

注：トヨタ系11社は、トヨタ紡織、豊田自動織機、大豊工業、デンソー、東海理化、フタバ産業、太平洋工業、アイシン精機、小糸製作所、豊田合成、愛三工業。
資料：各社資料を基にみずほ証券エクイティ調査部作成。

図4-4①　系列部品メーカーの売上高と世界生産台数の推移（トヨタ系）

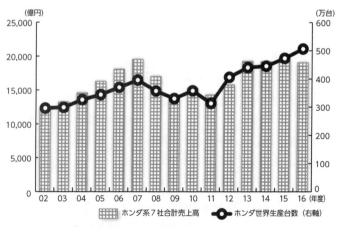

注：ホンダ系7社は、スタンレー電気、武蔵精密工業、日信工業、ケーヒン、ショーワ、エフ・シー・シー、テイ・エス テック。
資料：各社資料を基にみずほ証券エクイティ調査部作成。

図4-4②　系列部品メーカーの売上高と世界生産台数の推移（ホンダ系）

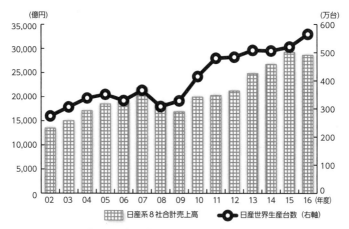

注：日産系8社は、ユニプレス、東プレ、パイオラックス、ニッパツ、タチエス、河西工業、ヨロズ、カルソニックカンセイ。
資料：各社資料を基にみずほ証券エクイティ調査部作成。

図4-4③　系列部品メーカーの売上高と世界生産台数の推移（日産系）

自動車のモデルサイクルもポイント

　完成車メーカーは、一般的に4～5年のサイクルでそれぞれの車種を全面的に改良します。従来に比べて燃費が改善し、新しい技術が搭載され、デザインも刷新されますので、新型車の発売時期がわかると販売台数（旧型車）が減少し、発売後に販売台数（新型車）が増加に転じることがほとんどです。それに合わせて生産台数も増減しますので、業績の変化点となります。また、新旧モデルで部品の調達先が異なるケースもありますので、受注動向にも注意が必要です。

ホンダ系部品メーカーは二輪車事業も重要

　ホンダ系部品メーカーは、自動車（四輪車）事業だけでなく二

よくわかる自動車部品セクター株➊入門編

輪車事業も展開している点で他の部品メーカーと異なります。インドやインドネシア、ブラジルなど新興国でホンダやヤマハ発動機といった二輪車メーカーにも関連製品を納入しています。

　二輪車事業は、少品種大量生産であることや労務費の安い新興国が中心であることを背景に自動車事業よりも収益性が高いのが一般的です。そのため、株式市場においては、二輪車事業が好調な時期には他の部品メーカーに対して有望な投資先と捉えられる傾向がありますし、逆に販売が落ち込む局面では嫌気される可能性があります。

　二輪車の販売台数に関する情報は、自動車のそれと比べるととても少ないですが、ホンダやヤマハ発動機の決算情報からはそれ

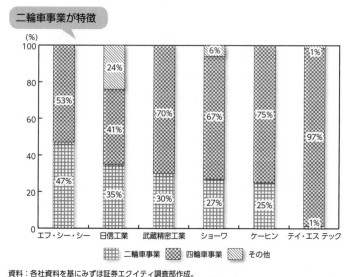

資料：各社資料を基にみずほ証券エクイティ調査部作成。

図4-5　ホンダ系部品メーカーの事業別売上高構成比

第2章　株式市場における自動車部品業界と株価の見方

ぞれの販売や市場の動向がわかりますし、各部品メーカーの決算資料でも事業の動向が把握できます。

顧客拡大で数量を伸ばす

新規顧客へ販路を拡大することで、系列完成車メーカーの生産トレンド以上に販売数量を伸ばすことが可能です。また、拡販するということは、既に製品を供給している部品メーカーからシェアを奪うか、新しい製品が搭載されたということになりますので、高い競争力の裏付けにもなります。系列外への売上高構成比の変化や水準は注目すべきポイントです。

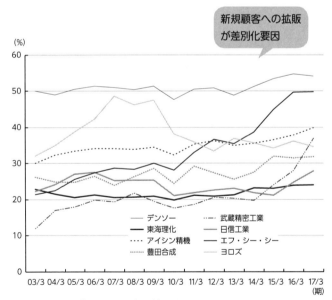

資料：各社資料を基にみずほ証券エクイティ調査部作成。

図4-6　系列以外の完成車メーカーへの売上高構成比の推移

(2) 製品構成と地域構成

同じ1台の自動車でも高級車と大衆車、自社製品の搭載点数が多いのか少ないのかにより売上高や営業利益に差が出ます。車格が高い自動車の販売が伸びた方が業績への貢献度が大きくなりますし、一方で車格が低くても自社の製品が大量に搭載されていれば増販効果が得られます。

また、所在地別セグメント情報を開示している会社は地域ごとの構成もポイントです。各セグメントの外部環境と照らし合わせることで、個社ごとの業績の出方を探ります。例えば、一般的に新興国の事業採算は先進国に比べて良いので、新興国ウエイトの高い会社ほど利益が伸びる可能性が高いというような見方です。

(3) 価格

完成車メーカーと自動車部品メーカーの間では、定期的に部品納入価格の改定があります。いわゆる値下げ要求です。燃費改善や新技術の搭載などにより自動車の値段は高くなる傾向にありますが、販売競争があるため消費者への価格転嫁は容易ではありません。価格競争力を維持・向上させるためにも、完成車メーカー自身が原価低減を推進するとともに、自動車部品メーカーも合理化努力により値下げの要請に応える必要があります。

一方で、価格は下がるばかりではありません。自社の製品に新たな付加価値を付けたり、全く新しい製品を提供したりすることで、自動車1台当たりの納入価格を引き上げることが可能です。例えば、自動車用ヘッドランプは、光源がハロゲン電球からLEDに変わることで、デザイン性や安全性が増し、製品付加価値の向上につながっています。また、自動ブレーキなど高度運転支援システムは新たに搭載される製品です。各社が手掛ける製品

がコモディティ（汎用品）化するのかそうでないのかを見極めることが重要です。

(4) 固定費、経費

減価償却費や人件費、研究開発費といった固定費の動向は業績を見る上では欠かせません。生産能力の増強や老朽化した設備の維持更新のために設備投資を行えば減価償却費が発生します。また、増産ニーズに対応するための人員補強や新興国での賃上げは人件費の増加要因です。新製品、新技術の研究開発を行うことは将来の成長に向けて必要不可欠ですが、開発期間中は費用が先行します。

このような各種費用の増減や、それをどの程度原価低減活動で吸収するかが利益の出方を左右します。従って、費用と利益のバランスをみる必要があります。

(5) 為替影響

為替影響には、日本から海外へ部品を輸出する際に発生するものと、海外子会社の業績を連結する際に発生する換算差の二種類があります。円安はいずれも業績押し上げ要因です。

グローバルに事業を展開している企業では、為替変動の業績へのインパクトは大きく、株価も敏感に反応します。影響度は自動車部品メーカーよりも完成車メーカーの方が大きいです。日本から輸出される自動車については、その時点で部品の納入が済んでおり、完成車メーカーが直接為替リスクを負うためです。為替レートがどちらか一方に大きく動くタイミングでは、完成車メーカーの株価が先に変動する傾向があります。

(6) 予測が難しい費用

生産混乱

生産混乱は、新工場の稼働や新製品の生産を始める時に事前の想定に対して生産性（歩留まり）が悪化したり、立ち上げのスケジュールに遅れが生じたりすることで発生します。自動車部品メーカーには、決められた納期や数量を守る供給責任がありますので、そのような場合には他の拠点で代替生産し、部品を空輸するなどの対応が必要になります。また、海外拠点で発生するケースが多いので、日本から熟練した作業員が現地に行き、立て直しを図ることもあります。

このような費用は事前に予測することができないので、業績サプライズにつながります。足元の業績が悪化するため株価も下落する可能性が高いですが、問題が収束すれば翌年の業績改善要因になりますので、発生後の対応や改善策の進捗度合いを注意深くみる必要があります。

リコール

リコールとは、自動車の構造や機能が決められた安全性を満たせなくなる恐れがあり、その原因が自動車の設計または製造にある場合に、消費者から無償で回収し修理することです。事故等の状況によっては生死に関わるため、品質基準を満たし、それを維持することは極めて重要です。近年は、部品が共通化されているため、リコールの規模が大きくなる傾向があります。

タカタは、エアバッグのリコールが世界各地の完成車メーカーや地域に広がったためその対応費用や関連コストが増加し、2017年に経営破綻しました。これは特殊な例ではありますが、品質問題は顧客である完成車メーカーだけでなく、自動車のユー

ザーにも注目されており、適切な管理が求められています。

(7) 非自動車事業の動向

　自動車以外の事業を手掛けている部品メーカーについては、その動向も確認する必要があります。例えば、豊田自動織機には主にフォークリフトの製造・販売を行う産業車両事業があります。また、NOKは主力製品であるオイルシールを建設機械や一般産業向けに販売しているほか、スマホやHDDなどに向けたFPCを手掛ける電子部品事業もあります。各社の事業については第5章をご参照ください。

タイヤメーカーは原材料価格や販売価格も重要

　タイヤメーカーも自動車部品メーカーと同様に、販売数量や製品・地域構成、固定費・経費、為替影響に着目すべきですが、原材料価格と販売価格の動向が重要になる点で大きく異なります。

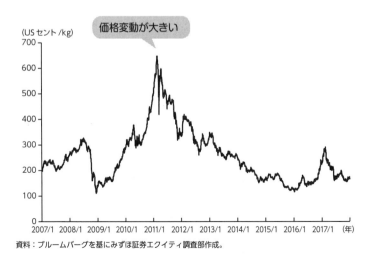

資料：ブルームバーグを基にみずほ証券エクイティ調査部作成。

図4-7　天然ゴム価格（RSS3号）の推移

タイヤには原材料として、天然ゴムや合成ゴム、配合剤、構造材などが使われています。原材料の割合としてはゴムが約半分を占めますので、その調達価格の変動が業績に与える影響は大きいです。原材料価格が上がればタイヤ販売価格に転嫁しますが、タイムラグがありますのでいったんは利益圧迫要因になります。また、各市場での競争環境により値上げが浸透しないリスクがあります。一方で、原材料価格が下がれば、販売価格を維持することで調達コストとのスプレッドが広がり、採算良化につながります。

タイヤ株のディフェンシブ性

タイヤメーカーの主力事業である市販用タイヤは、自動車の保有台数と走行距離（長い距離を走るとタイヤが摩耗し交換する必要がある）に応じて需要が発生しますので、新車販売に比べると需要変動が小さいです。そのため、景気減速で新車販売台数が減少する懸念が生じた際には、自動車部品株や完成車株からディフェンシブ性のあるタイヤ株へシフトするケースがあります。

5. 中長期視点では構造変化への対応が必須

現在の世界新車市場は年間 9,000 万台を超える規模があり、将来的には 1 億台の突破が見込まれます。しかし、日本、米国、欧州の市場は成熟し、これまで高成長を遂げた中国も既に世界最大規模の市場となっており、成長率が低下しています。インドやアセアン地域での販売拡大は見込まれますが、世界全体の成長は鈍化する見通しです。

こうしたなかで、自動車部品業界を取り巻く環境は大幅かつ急

速に変化しています。自動車の進化がこれまでと連続するもので
はなく、高度運転支援システム（ADAS）や自動運転、電気自動
車などの電動化、さらには人工知能（AI）といった新たな領域へ
向かっていることが背景です。

　数量面での成長が限定的となり付加価値が先進技術にシフトす
るなか、伝統的な自動車部品への原価低減要求が高まっているの
が現状です。電子部品メーカーなど異業種からの参入も増えて競
争は厳しさを増しています。従って、自動車部品メーカーが今後
成長していくためには、自動車生産台数の増加を期待するのでは
なく、先進技術への対応による付加価値向上や、新規顧客の開拓
が必要不可欠です。今後の変化に対する自動車部品業界の見方は
第4章をご覧ください。

6. バリュエーション（株価指標）

✓ 業種間相対や自社の過去水準から割安か割高か を判断

　バリュエーションは、現在の株価が割安か割高かを測る投資尺
度です。様々な指標がありますが、収益力を判断する PER、財
務体質を測る PBR が代表的です。絶対水準というよりは、業種
間での相対観や対象企業の過去推移と比較することで割安か割高
かを判断します。

✓ PER（Price Earnings Ratio：株価収益率）

　PER は株価が1株当たり純利益（EPS）の何倍まで買われて

いるかを測る指標で、以下の計算式により得られます。

PER ＝株価／１株当たり当期純利益

　業種により水準はまちまちですが、自動車部品メーカーや完成車メーカーが含まれる輸送用機器の平均水準は他の業種に比べて低いです（**表4-1** 参照）。世界の新車市場の成長率が低下していることや、為替変動リスクが大きいこと、自動車産業の構造変化、などにより成長への期待が他業種に比べて低位に留まっていると考えられます。なお、加重平均値より単純平均値の方が高いので、時価総額の大きい完成車メーカーに対して、自動車部品メーカーが高 PER で評価されているということになります。系列外への拡販や部品の付加価値向上による業績拡大への期待が一因と考えられます。

　業種相対や過去の水準を上回って PER の水準が切り上がる場合もあります。例えば、新製品や新技術の市場投入などにより、将来の業績拡大への期待が高まるケースです。数年先の利益水準を織り込む形で株価が上昇するため、当期の１株当たり純利益をベースとした PER は高まります。

✔ PBR（Price Book‐value Ratio：株価純資産倍率）

　PBR は株価が１株当たり純資産（BPS）の何倍まで買われているかを表し、以下の計算式により得られます。

PBR ＝株価／１株当たり純資産

第2章　株式市場における自動車部品業界と株価の見方

> 輸送用機器のPERは
> 相対的に低水準

表4-1　業種別 PER・PBR（連結）

市場一部　　　　　　　　　　　　　　　　　　　　　　　　　　　　　　2017年12月末

種別	会社数(社)	加重平均				単純平均			
		PER(倍)	PBR(倍)	親会社株主に帰属する当期純利益合計(億円)	純資産合計(億円)	PER(倍)	PBR(倍)	1株当たり当期純利益(円)	1株当たり純資産(円)
鉱業	7	64.2	0.6	378	39,633	–	0.6	-1.86	428.80
サービス業	185	43.1	1.5	8,163	241,117	28.8	2.6	7.84	88.33
倉庫・運輸関連業	24	35.4	1.0	424	15,179	53.9	1.0	4.53	247.85
電気機器	158	32.0	2.2	27,030	392,447	30.5	1.9	13.21	214.69
その他製品	53	31.5	1.9	4,145	67,177	25.0	1.4	12.39	221.35
小売業	194	30.2	2.1	12,567	179,291	28.7	2.1	11.52	155.00
精密機器	31	29.5	2.8	3,176	33,951	27.4	2.1	10.43	133.47
医薬品	39	29.5	2.3	10,411	132,549	25.9	1.9	15.48	213.59
機械	136	26.1	1.9	13,371	183,222	24.6	1.6	13.99	212.31
食料品	81	24.7	2.4	12,768	129,186	24.7	1.8	15.75	216.16
ガラス・土石製品	32	24.5	1.5	2,694	45,333	21.4	1.2	15.77	273.65
鉄鋼	32	23.0	0.8	3,363	91,950	19.2	0.8	12.07	304.11
非鉄金属	24	22.7	1.2	2,643	51,837	17.0	1.3	15.46	207.05
金属製品	41	21.6	1.3	2,352	38,816	14.5	1.0	16.98	250.93
化学	140	21.3	1.9	22,063	247,093	20.6	1.6	16.25	212.21
繊維製品	39	19.0	1.3	2,263	32,784	27.5	1.0	7.55	205.37
パルプ・紙	12	18.3	0.9	1,011	21,178	18.5	0.9	13.22	278.51
ゴム製品	11	17.6	1.6	3,494	38,150	16.7	1.5	26.28	292.46
不動産業	63	17.1	1.5	8,483	99,349	14.1	1.5	15.71	145.45
陸運業	41	16.5	1.6	14,442	147,377	16.6	1.4	24.03	277.25
水産・農林業	7	15.9	1.5	439	4,612	16.1	1.5	15.23	158.43
情報・通信業	182	14.9	1.8	44,431	360,981	26.1	2.5	9.65	99.07
その他金融業	24	14.9	1.3	5,867	69,312	13.0	1.1	16.93	203.86
輸送用機器	62	14.2	1.3	44,842	506,445	24.3	1.2	11.26	235.68
建設業	101	14.1	1.7	14,492	123,223	12.6	1.3	25.51	254.00
卸売業	172	14.0	1.1	22,074	276,681	18.4	1.2	12.69	195.15
保険業	10	13.3	1.0	10,901	148,805	15.5	1.2	18.52	238.70
石油・石炭製品	10	13.3	1.4	3,449	33,869	10.4	1.4	18.45	140.94
証券、商品先物取引業	23	12.9	1.0	4,493	57,685	18.2	1.0	10.01	185.55
空運業	3	12.3	1.7	2,624	19,414	18.5	1.7	22.47	244.76
銀行業	86	11.8	0.6	39,922	759,608	12.1	0.5	22.25	543.09
電気・ガス業	21	11.6	0.8	7,678	106,604	15.7	0.9	11.05	185.71
海運業	8	–	0.8	-3,917	17,277	–	0.8	-33.02	246.38

資料：東京証券取引所の資料を基にみずほ証券エクイティ調査部作成。

純資産は貸借対照表の「純資産の部」のうち株主に帰属する部分です。株価と1株当たり純資産が等しい状態、つまり解散価値と一致している状態がPBR1倍です。一般的には、PBR1倍が株価を下支えしますが、自動車部品メーカーの場合、1倍割れが散見されます。会社に出資（投資）している株主に帰属する部分である純資産でどれだけ利益を稼ぐかを表すROE（Return On Equity：株主資本利益率）が低いことが一因です。ROEは以下のように算出されます。

ROE＝1株当たり当期純利益／1株当たり純資産

《参考》
日本取引所グループ　http://www.jpx.co.jp
IFIS株予報　http://kabuyoho.ifis.co.jp

第 3 章

情報の集め方

1. インターネットを通じて投資に必要な情報を得る

　これまで自動車産業や、自動車部品メーカーの業績および株価の見方について述べてきました。それらを踏まえた上で実際に自動車部品メーカーの株式に投資する場合には、売買の判断材料となる情報を集める必要があります。

　しかし、自動車部品メーカーの事業形態は完成車メーカーを顧客とする BtoB であるため、各企業の製品販売数量や売上高の月次データといった直接的な情報は限られます。そのため、まずは自動車業界全体の流れを知ることが重要です。具体的には、主要国 / 地域の新車市場の動向、完成車メーカーごとの販売・生産台数や自動車の種類（モデル）、新型車の投入計画、新たに搭載される技術や中長期的な技術ロードマップ、などがあります。

　このような情報へのアクセスは証券会社に所属するアナリストや機関投資家といった証券投資におけるプロフェッショナルばかりに限られるわけではありません。個人投資家でもインターネットを通じて幅広く入手することが可能です。個別の自動車部品メーカーに関する基本情報も同様で、現在では各社のホームページが充実し、投資の判断に役立つ情報が盛り込まれています。

　以下では、新車販売・生産台数などの統計データや自動車業界の情報、マスコミ情報、各社のホームページの見方について解説します。

表1-1　自動車関連情報が得られる主なホームページ一覧

業界団体・企業・媒体名	閲覧可能な主なデータ	ホームページアドレス
日本自動車工業会	国内生産、販売、輸出、海外生産の各台数	http://www.jama.or.jp/
日本自動車販売協会連合会	国内登録新車販売台数	http://www.jada.or.jp/
全国軽自動車協会連合会	国内軽自動車販売台数	http://www.zenkeijikyo.or.jp/
Motor Intelligence	米国新車販売台数	http://www.motorintelligence.com/m_frameset.html
ACEA	欧州新車販売台数	http://www.acea.be/
OICA	世界新車販売、生産台数	http://www.oica.net/
中部経済新聞	トヨタの生産内示	http://www.chukei-news.co.jp/
日本自動車部品工業会	自動車部品出荷動向	http://www.japia.or.jp/
JATMA	国内タイヤ販売本数	http://www.jatma.or.jp/
ミシュラン	地域別タイヤ販売動向（前年同月比）	https://www.michelin.com/
ピレリ	地域別タイヤ販売動向（前年同月比）	https://www.pirelli.com/

資料：みずほ証券エクイティ調査部作成。

2. 新車販売台数や生産台数は基本となるデータ

✔ 主要国 / 地域の新車販売台数を押さえる

　自動車産業はグローバル化が進んでいるので、日本だけでなく主要国 / 地域の市場動向も重要です。特に、世界最大市場である中国やそれに次ぐ米国における新車販売台数の推移は、自動車部品メーカーの業績への影響が大きくなるため把握しておきたい情報です。また、タイやインドネシアを中心としたアセアン地域やインドなど中長期的に成長が見込まれる新興国市場の動向もポイントです。

　一方で、各国それぞれで発表のタイミングも形態も異なる月次の新車販売台数データを個人で都度追いかけるのはかなりの時間

と手間を要することになり、あまり現実的ではありません。そこで、日本経済新聞など新聞各紙をチェックすることをお勧めします。例えば、日本経済新聞には、日本や米国、中国、欧州、アセアンといった主要国／地域の月次販売データが発表されると、実績数値や市場動向についての解説が掲載されますので、必要な情報はそこから得られます。

世界全体および各国における年間の販売台数の推移は、国際自動車工業連合会（OICA）のホームページで確認できます。また、生産台数のデータも取得可能です。

✔ 日系完成車メーカーごとのデータを把握する

自動車部品メーカーの多くは依然として売上高の大半を日系完成車メーカーに依存しています。従って、完成車メーカーごとの生産・販売動向を押さえておかなければなりません。

トヨタ、ホンダ、日産の大手3社を含む乗用車メーカー8社は、毎月末にかけて前月の国内生産台数、国内販売台数、輸出台数、海外生産台数の実績を公表しています。このデータは各社のホームページで確認できるほか、発表翌日の日本経済新聞に掲載されます。

✔ 台数データは短期業績の方向感の把握につながる

各国／地域の新車市場や完成車メーカーの販売・生産のデータは、自動車部品メーカーの短期業績の方向感の把握や実績の分析に役立ちます。

例えば、新車販売台数であれば、当月の実績が前年同月実績に比べて増えたのか減ったのか、どの国が好調でどの国が不調で

あったのかを確認します。「X 月の新車販売台数は、米国では前年同月実績に比べて減少したけれども中国では増加した。従って、米国事業のウエイトが高い Y 社の業績にはマイナス要因であるが、中国事業が中心の Z 社の業績は良くなる可能性がある」というような見方です。

また、完成車メーカーが公表する生産台数の動向は、自動車部品メーカーが納入する製品の数量に直結しますので、より強く注目する必要があります。見方は販売と同じく前年同月実績との比較に加えて、前月実績に対する増減（トレンドの変化の有無）や年度の計画に対する進捗も確認します。完成車メーカーによって年度計画の開示スタンスは異なりますが、トヨタは決算説明会資料に、日産は年度末の決算参考資料に来期予想として記載があります。また、トヨタは毎年末に販売・生産台数について、その年の実績見通しと翌年の計画を発表しています。

3. 業界団体のホームページからも様々な情報が得られる

自動車業界の情報取得に役立つ業界団体と概要を以下に紹介します。ホームページには様々な情報が掲載されていますので是非チェックしてください。

✔ 日本自動車工業会（略称：自工会）

日本で乗用車、トラック、バス、二輪車などを生産する完成車メーカー 14 社を会員とする業界団体です。

ホームページには販売、生産、輸出などの各種データに加え、

自動車業界に関する様々な情報が掲載されています。データベースからは過去データをダウンロードでき、生産や販売の長期推移を知るのに便利です。また、小学生など子供向けのページもあり、自動車業界に馴染みのない方にとってもわかりやすく解説してあります。年刊誌の「日本の自動車工業」(2017年版は1部800円)では、自動車産業全体を俯瞰することができます。主な内容はホームページ上でも紹介されています。

✓ 日本自動車販売協会連合会（略称：自販連）

　自動車ディーラーの全国組織です。日本における登録車の販売台数データを公表しています。車種別（乗用車、トラック、バス）、メーカー別、通称名（モデル名）別など詳細なデータを確認することができます。なお、登録車とは軽自動車の規格を超える大きさの自動車を指し、普段よく目にする乗用車が含まれます。

✓ 全国軽自動車協会連合会（略称：全軽自協）

　軽自動車の業界団体です。ホームページには、軽自動車のメーカー別、通称名(モデル名)別の販売台数などが掲載されています。

✓ 日本自動車部品工業会（略称：部工会）

　自動車部品メーカーの業界団体で、2017年1月現在の会員数は441社です。正会員企業を対象に毎年自動車部品出荷動向調査を行い、全体や自動車部品ごとの出荷金額を公表しています。その年ごとに正会員企業や回答企業の数が異なりますが、日本における自動車部品業界のトレンドを知ることができるため参考になります。

第3章　情報の集め方

4. 各種展示会に参加しよう

✔ 自動車と違いその構成部品はイメージが湧きづらい

　自動車は、保有している人はもちろん、街中やテレビコマーシャル、ディーラーなど普段目にする機会がたくさんあります。そのため、メーカー名やセダン、SUV、ミニバン、軽自動車といった各モデルに対して馴染みがあるでしょう。

　一方で、それを構成する部品は大半が車両内に組み込まれてしまっています。シートやドアなど一部の内装品や外装品を除けば、製品名を挙げても具体的なイメージが湧きにくく、搭載されている場所もわかりにくいのが一般的です。

✔ 「東京モーターショー」は個別の製品を見るいい機会

　自動車業界に関する各種展示会は、個別製品を実際に見たり、技術を学ぶ、もしくは体験したりするとても良い機会になります。

　代表的な展示会は日本自動車工業会が主催する「東京モーターショー」です。前回は2017年10月27日から11月5日に東京ビッグサイトで開催されました。全ての国内完成車メーカー14社および海外メーカー13社を含む153社・団体が出展し、会期中の総入場者数は約77万人に上りました。

　会場には完成車メーカー各社の最新モデルや将来技術をイメージしたコンセプトモデルが多数展示されます。加えて、自動車部品メーカーも数多く出展しているため、各社の製品を直に見ることもできます。説明員による解説を聞くことも可能ですので、製品に対する理解が深まるでしょう。次回の開催は2019年秋の予定です。

63

よくわかる自動車部品セクター株 入門編

表4-1 主な展示会の概要

展示会名	主催	次回開催予定時期	次回開催予定会場
東京モーターショー	日本自動車工業会	2019年秋	東京ビッグサイト
人とくるまの テクノロジー展	自動車技術会	2019年5月22日〜24日	パシフィコ横浜
オートモーティブ ワールド	リード エグジビション ジャパン	2019年1月16日〜18日	東京ビッグサイト
CEATEC JAPAN	CEATEC JAPAN 実 施協議会	2018年10月16日〜19日	幕張メッセ

資料：みずほ証券エクイティ調査部作成。

✔ 技術に焦点を当てたイベントもある

「東京モーターショー」以外にも、「人とくるまのテクノロジー展」や「オートモーティブワールド」といった世界から最新技術や製品が集まる展示会があります。また、IT技術とエレクトロニクスの国際展示会である「CEATEC JAPAN」にもデンソーなどの自動車部品メーカーが出展しており、業界の垣根がなくなるなかでIoTやAIなど新たな技術や情報を得る機会になります。

5. マスコミ情報も利用

✔ 新聞は有益な情報源

前述の通り、日本経済新聞には自動車販売台数や生産台数が載ります。また、株式市場の動向や原油などの商品市況も掲載されているので便利です。自動車業界に関する記事が載る媒体には日刊工業新聞や日経産業新聞があり、専門紙として日刊自動車新聞もあります。新聞各紙は世界各地の動向を知るのにも役立ちます。各国の統計データだけでなく、デトロイトやパリ、ジュネーブ、

上海など世界各地で開催されるモーターショーに関する情報も載りますので要注目です。

トヨタグループの動向を知るためには中部経済新聞が有効です。同紙は愛知、岐阜、三重、静岡の経済情報を扱う経済紙です。ホームページ上で記事のヘッドラインが確認でき、全てではありませんが内容も閲覧可能です。

特に、毎月末にかけて掲載されるトヨタの向こう3ヵ月間の車両生産計画（部品メーカーへの内示）は、トヨタ系部品メーカーの短期業績の方向感を把握するには貴重な情報源です。国内、海外それぞれの生産台数が前年同月実績に対して増えるのか減るのかや前回掲載時の計画との変化を確認するとともに、実績が出た際に計画と照らし合わせることで好不調を推察します。

✓ 業界誌では技術動向など詳細が確認できる

自動車や部品の技術に関する情報をさらに詳しく知りたい方には業界誌がお勧めです。日経 BP 社が発行する「日経 Automotive」や「日経エレクトロニクス」、「モーターファン別冊モーターファンイラストレーテッド」（三栄書房）では、先端技術の動向や各製品の詳細が図解も交えて解説されています。また、「ニューモデルマガジン X」（ムックハウス）などのカー雑誌では、次期モデルの情報などが参考になります。

✓ 会社四季報と日経会社情報

東洋経済新報社の「会社四季報」と日本経済新聞社の「日経会社情報」は、個別企業の情報を素早く網羅的に把握するのに役立ちます。会社概要や事業構造、主要顧客、業績動向、財務内容、株

よくわかる自動車部品セクター株〔入門編

価推移などがコンパクトにまとめられています。3ヵ月ごとに発刊され、その内容は株式市場でも注目されています。

6. タイヤ業界の情報

　タイヤメーカーの事業は、市販されている交換用タイヤのウエイトが高いので、統計データなどからその販売動向を把握する必要があります。完成車メーカーに納入する新車用タイヤについては、統計データに加え、新車販売台数などこれまでに見た自動車業界の情報を参考にします。

　業界団体としては、日本自動車タイヤ協会（略称：ジャトマ、JATMA）があります。会員は6社で、正会員がブリヂストン、住友ゴム工業、横浜ゴム、東洋ゴム工業の日系タイヤメーカー、準会員が日本ミシュランタイヤ、日本グッドイヤーです。ホームページでは、日本のタイヤ販売本数や原材料消費実績、財務省通関統計などのデータが取得できます。また、国内の需要見通しも公表しています。

　海外のタイヤ販売本数の動向は、ミシュラン社やピレリ社がホームページ上で地域別の前年同月比増減率を公表しています。ミシュラン社はトップページ下部の FINANCE 欄にある Market trends、ピレリ社はトップページ → INVESTORS → TYRE MARKET WATCH の順にサイトを進んでください。

　また、タイヤの原材料となる天然ゴムなどの価格推移も重要です。原材料価格については、日本経済新聞の市況欄が参考になります。

66

第3章 情報の集め方

7. 各社のホームページで製品や特徴を知る

　ここまでで自動車部品メーカーを見る上で前提となる自動車業界の情報についてお伝えしてきました。ここでは、個別企業ごとの情報についてご紹介します。

　自動車部品は、メーカー名や製品名だけでは何を作っている会社なのか、自動車のどこに搭載されている部品なのかが分かりにくいですが、各社のホームページを見ることで解決されます。最近では、掲載される情報が充実しており、会社の概要や手掛ける製品、技術動向など様々な情報が取得できます。もちろん、株主や投資家に向けたIR（Investor Relations）情報もあります。以下、ホームページ上でポイントとなる項目を紹介します。

✔ 会社の概要を理解する

　会社情報や企業情報のページでは、会社概要（社名、設立年月日、本社所在地、資本金、直近の売上高および営業利益、従業員数など）、沿革といった各社の基本情報が見られます。また、企業理念や社長のメッセージも掲載されていますので、経営方針を確認してください。拠点情報では、国内だけでなく海外拠点やグループ会社も載っていますので、グローバル化の進展度合いをチェックできます。

✔ 製品情報で具体的なイメージを描く

　会社の概要が分かったら次は製品情報です。各社が生産している製品が写真や図を用いて説明されています。また、それらが自

67

よくわかる自動車部品セクター株 入門編

動車のどの部分に搭載されているかを示す図や、技術的な解説が加えられている場合もありますので、具体的に製品をイメージすることができます。

✔ IR 情報を取得する

IR 情報は、「投資家情報」、「IR 情報」、「株主・投資家のみなさまへ」といったページに掲載されており、会社の業績推移や財務情報、年間のイベントスケジュールなどが確認できます。

IR ライブラリーには、決算短信、有価証券報告書など業績についての詳細情報がありますのでチェックしましょう。また、アナリスト・機関投資家向けの決算説明会で使用される資料は要注目です。決算の内容に関するポイントがまとめられているほか、次年度の計画（期中であれば当年度の計画）やその前提となる自動車販売・生産台数の見通し、想定為替レートなどが記載されています。決算短信や有価証券報告書に比べて理解しやすいことに加え、追加的な情報もありますので必見です。

また、最近では決算説明会の様子を動画で配信する会社も増えてきました。社長や財務担当役員が決算内容を直接説明していますので、経営陣の生の声を聴く貴重な機会になります。

会社によっては個人投資家向けのページを掲載しています。会社説明資料では、会社の概要や製品、事業や顧客の構造などをわかりやすく解説してあります。

✔ IR 情報を活用し業績動向を理解する

足元の業績を把握するには、決算短信と決算説明会資料が便利です。

第3章　情報の集め方

　決算短信は四半期ごとに開示されており、売上高や各利益項目、財務情報、事業別もしくは所在地別セグメント情報などが記載されています。前年同期実績との比較や会社計画に対する進捗をチェックします。

　決算説明会資料からは、公表された業績の背景を把握することができます。例えば、営業利益の増減要因分析では、営業利益が変動した理由が販売数量、製品構成、原価低減（合理化努力）、人件費や減価償却費などの固定費、原材料価格、経費、為替といった各項目に分けて開示されています。基本的には前年同期実績との差異を分析するツールですが、会社によっては既に公表した計画と実績との対比や、現在公表している年度計画と前期実績との比較を開示している場合もありますのでぜひ確認してみてください。

　また、設備投資額や減価償却費、研究開発費の動向を把握することも重要です。これらは決算説明会資料や決算補足資料で確認することができます。

　将来の受注を獲得すれば、それに対応するために生産能力を増強する必要がありますので設備投資額が増えます。従って、設備投資額のトレンドを見ることで、将来の売上高が伸びる可能性の有無を判断する材料になります。また、設備投資は生産能力増強のためだけではありません。既存設備のメンテナンスや老朽化した設備の更新も行う必要があり、維持・更新のため毎年一定の金額が費やされています。

　設備投資をすれば減価償却費が発生することになります。これは固定費増加要因ですので、金額の増減に注意する必要があります。受注を獲得し設備投資を行った結果売上高が拡大しても、減価償却費の負担が重く利益が伸び悩むというケースがあります。

69

設備投資額と減価償却費のバランスを確認してください。

　研究開発費は新技術や新製品を生み出すために必要不可欠であり将来の売上高成長の種です。近年では自動運転や電動化、AIなど新たな分野への投資も必要になっているため、金額や売上高に対する比率が上昇する傾向にあります。短期的には利益圧迫要因になりますが、それを単純にネガティブと捉えるのではなく、開発された技術や製品が自動車に搭載され業績に寄与する時期、いわゆる回収期を見極めることが大切です。

✔ 中期経営計画で会社の方針や成長性を理解する

　ホームページや決算説明会資料で中期経営計画を開示している場合は必見です。会社がどのような方針で経営を行っているか、その方針のもと、どのような方法で成長を遂げようと考えているかを把握できます。

　自動車部品メーカーの事業形態はBtoBですので、新車市場の動向や完成車メーカーの戦略といった外部環境に業績が左右される傾向にあります。そのため、社内には定量的な目標があっても対外的にそれを開示している会社は必ずしも多くはありません。しかし、将来の成長性は株価形成にとって重要な要素ですので、中期経営計画は貴重な情報源となります。

✔ ESGも株式投資の重要な観点

　最近では、企業が持続的に成長するためにはESGの観点が重要であるという認識が広がってきています。

　ESGは、環境（Environment）、社会（Social）、ガバナンス（Governance）の頭文字です。この3つの要素において優れた

第3章　情報の集め方

企業に投資をするという ESG 投資が世界で拡大しています。

　現在、CSR（企業の社会的責任）活動をホームページに掲載している企業は多いですが、今後は ESG の観点で情報を開示する必要性が高まるでしょう。また、財務情報と非財務情報をまとめた統合報告書を発行する企業の増加も見込まれ、投資における判断材料のひとつとして確認したい情報です。

✓ ニュースリリースもウォッチ

　ニュースのページには、会社からのリリースが掲載されています。業績予想修正、新製品開発、新規拠点進出、他企業への出資、人事など様々な情報が発信されます。業績予想修正などの重要な情報が発信された場合は、日本取引所グループのホームページにある適時開示情報閲覧サービス（TDnet）でも確認できます。

第4章

自動車部品業界のトピックス

1. 自動車産業は変革期にある

✔ 100年に一度の構造変化

現在、自動車業界は大きな転換点を迎えています。完成車メーカーや自動車部品メーカーの経営者のコメント、新聞各紙、経済誌、メディア報道などにおいて、「100年に一度の変革期」、「パラダイムシフト」という言葉を聞いたり、見たりする機会が増えたでしょう。

✔ これまでの変化は連続的

ガソリンエンジンを動力源とした自動車は1886年にドイツの技術者カール・ベンツにより誕生しました。また、1908年には米国のヘンリー・フォード社がT型を発売しました。これは世界で最初のベルトコンベヤーを使った流れ作業による生産車で、これが現在の自動車工場のような量産体制の始まりです。大量生産により販売価格が下がり、それまで富裕層の乗り物であった自動車が大衆に広がるきっかけとなりました。

それ以降、自動車の開発はエンジンの改良を中心とした燃費改善や、走行性能、安全性能、機能性を高めることに主眼が置かれてきました。それに成功した完成車メーカーが販売台数を伸ばし、成長を遂げるという構図です。また、自動車部品メーカーは、こうしたニーズにしっかりと対応し付加価値を高めることで業績拡大を図ってきました。

✔ 今後の変化は連続的ではない。キーワードは CASE

しかし、今後起こる自動車産業の変化は、これまでのような連続的なものではなく、全く新しい分野へ広がって行くものと予想されます。最近、その変化を象徴して CASE という言葉が出てきました。「Connected：つながる」、「Autonomous：自動運転」、「Sharing：シェアリング」、「Electricity：電動化」の頭文字を取ったものです。自動車がインターネットにつながり、個人で所有するものから必要な時に必要なだけ利用するものになり、行先を入力あるいは告げるだけで目的地へ連れて行ってくれ、電動で走るという時代に変わろうとしています。

✔ 自動車部品メーカーにも変革が求められる

こうした変化のなかでは、これまでの自動車業界の枠を超えた競争にさらされることになり、自動車部品メーカーにとっても成長か衰退かの分岐点と言えます。実際にグローバルに生き残りをかけた M&A や事業再編が展開されています。

2014 年にはドイツの ZF 社が米国の TRW 社買収を発表しました。ZF 社はトランスミッションなど駆動系を中心としたサプライヤーです。TRW 社はブレーキやエアバッグ、シートベルトに加え、運転支援システムも手掛けており、買収によりシナジーが期待できるという判断です。この買収で、ボッシュ社やコンチネンタル社、デンソーと並ぶ世界最大級のサプライヤーが誕生しました。

日本でもトヨタグループの再編や、日産によるカルソニックカンセイの株式売却など、これまでとは異なる動きが出ています。今後も、グローバルで再編が進む可能性があり、各社の動向から目が離せません。

✓ ただし既存領域の進化も必要不可欠

　もちろん、現在世界で走っている自動車の全てが短期間で新しいものに置き換わるわけではありません。環境保全のため CO_2 排出量削減が求められるなか、既存エンジンの燃費改善に貢献する技術や製品の開発はもとより、車体の軽量化に向けた素材の進化も必要です。それ以外にも、エアバッグの搭載など安全面での性能向上も必要です。「走る」、「曲がる」、「止まる」という自動車の基本性能の改善も重要であり、伝統的な自動車部品を製造するメーカーにも活躍の余地はあります。

　以下では、このような環境下で自動車部品メーカーに投資する際に注目すべきポイントについて解説します。

2. 電動化が加速へ

✓ 自動車産業に EV への転換を迫る

　2017年に自動車業界にとって一大ニュースになったのは電気自動車（EV）への転換です。7月にフランス政府やイギリス政府が2040年までにガソリンエンジン車とディーゼルエンジン車の販売を禁止する方針を示したほか、インドでも2030年までにすべてを EV にする政策目標が公表されました。

　中国政府も、2019年から各完成車メーカーが生産・販売する自動車の一定比率を EV、燃料電池車（FCV）、プラグインハイブリッド車（PHV）で構成される新エネルギー車（NEV）にすることを義務付ける規制を導入しました。一定比率とは、具体的には2019年は10%、2020年は12%です。それを達成できなかっ

第4章　自動車部品業界のトピックス

> ガソリン、ディーゼル車の販売を禁止する方針

表2-1　電動化に関する各国政府の表明

国名	各国政府のEVに関する表明
フランス	2040年までにガソリン車、ディーゼル車の販売を禁止する方針(制度の詳細は不明)
イギリス	2040年までにガソリン車、ディーゼル車の販売を禁止する方針(ただし、HV、PHVは対象外)
インド	2030年までにすべてをEVにする政策目標、40年には路上の車を全てEVにするとも
インドネシア	2040年から化石燃料を動力源とする自動車、二輪車の新規販売を禁止する方針
中国	ガソリン車やディーゼル車の生産・販売禁止に向けたスケジュールの策定に着手

資料：各種報道を基にみずほ証券エクイティ調査部作成。

た場合は、NEVクレジットを購入する必要があるほか、翌年の自動車生産・販売台数が制限される可能性も出てきます。

✔ 環境対応は各社が進めていた

　そもそもEVへのシフトは、環境対応、つまりCO_2排出量削減や大気汚染を防ぐため以前から言われていました。自動車産業全体としてその対策を進めていますが、完成車メーカーの戦略はまちまちです。具体的には、ガソリンエンジンの燃焼効率を改善する、燃費効率の良いディーゼルエンジンの販売比率を上げる(欧州メーカー)、ハイブリッド車の販売を伸ばす(トヨタ：プリウス)、EVを積極的に販売する(日産：リーフ)などです。また、EVメーカーとしてテスラの台頭も挙げられます。

よくわかる自動車部品セクター株 入門編

✔ フォルクスワーゲンの不正と中国政府の意向が EV 化を加速

ところが、2015年にフォルクスワーゲンがディーゼルエンジン車において排ガス規制を不正に回避するソフトウエアを使用していたことが発覚し、ディーゼルエンジン車の燃費に対する不信感が広がりました。その後、フォルクスワーゲンは2025年までに50車種以上の EV を投入すると表明（2017年9月）し、EV シフトを加速させる方針を示しています。

また、欧州メーカーでは、ボルボが2019年から販売する全車種を EV などの電動車にすると2017年9月に発表しました。ディーゼルエンジン車を環境対応の中心に据えていた欧州メーカーが EV へ舵を切っています。

中国政府は、NEV 規制の目的を大気汚染防止としていますが、EV では BYD など現地メーカーが先行しており、自国の自動車産業を育てる目的もあると推測されます。EV の構造は、様々な部品を組み立てて生産するエンジン車に比べると単純です。そのため、成長する自動車市場のなかで自国メーカーの販売台数を増やせる可能性があります。

✔ EV シフトは自動車部品メーカーにとっても死活問題

EV シフトの進展が既存の自動車部品メーカーに与える影響はどうでしょう。EV はモーターとバッテリーを動力源として走行するため、エンジンやトランスミッションが不要です。そのため、現在のガソリン車1台当たりに搭載される2万～3万点の部品のうち、1万点以上が不要になるという見方があります。また、動力源の変化により電子部品メーカーなど、自動車部品メーカー以外が参

第4章 自動車部品業界のトピックス

入する可能性も高まります。実際に、2017年12月には日本電産が、フランスのグループPSAと2018年に子会社を通じて合弁会社を設立し、EVの駆動用モーターの開発・生産を行うと発表しました。

また、EVはガソリンエンジン車のように綿密な擦り合わせを必要としないため、自動車そのものがコモディティ化する可能性もあります。例えば、家電メーカーが参入し、家電量販店で自動車を買うことができる時代が来るかもしれません。完成車メーカーにとっても異業種との競争が激しくなると考えられます。

従って、急速なEVへのシフトは既存の自動車部品メーカーの業績悪化につながるリスクがあります。2016年度の日本の自動車部品出荷額において、エンジン部品の構成比は14.3％、ト

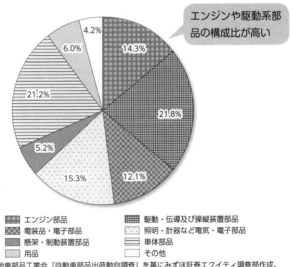

資料：日本自動車部品工業会「自動車部品出荷動向調査」を基にみずほ証券エクイティ調査部作成。

図2-1　自動車部品出荷額の構成比（2016年度）

ランスミッションが含まれる駆動・電動及び操縦装置部品は21.8％ですので、影響は少なくありません。

実際に、2017年に入りEVシフトの報道や各種経済誌などでの特集が増え、9月にはドイツで開催されたフランクフルトモーターショーで各完成車メーカーのEV戦略が示されたことで、自動車部品メーカー、特にエンジン、トランスミッションに関連するメーカーの株価は軟調でした。反面、バッテリーなどEV関連企業の株価は好調なものもありました。

> バッテリーやモーター、インバーター関連に恩恵

表2-2　電動化関連銘柄

リチウムイオン電池	電解液
6501　日立製作所	4188　三菱ケミカルホールディングス
6502　東芝	4208　宇部興産
6674　GS ユアサ	モーター
6752　パナソニック	6501　日立製作所
−　　プライムアース EV エナジー	6506　安川電機
−　　オートモーティブエナジーサプライ	6508　明電舎
セパレーター	6594　日本電産
3402　東レ	6902　デンソー
3407　旭化成	インバーター
4005　住友化学	6503　三菱電機
4208　宇部興産	6752　パナソニック
6619　ダブル・スコープ	6902　デンソー
正極材	7251　ケーヒン
4080　田中化学研究所	DC-DC コンバーター
4100　戸田工業	6201　豊田自動織機
5713　住友金属鉱山	6902　デンソー
負極材	
4217　日立化成	資料：みずほ証券エクイティ調査部作成。

第4章　自動車部品業界のトピックス

✓ EVの普及にはハードルもある

一方で、EVが急速かつ大幅に普及するという見方も現実的ではありません。現状では、バッテリーのコストが高いためクルマとしては割高です。購入する際の補助金もありますが、いつまで続くかはわかりません。また、充電時間が長く、充電インフラも限られています。フル充電時の航続距離もガソリンエンジン車と比べて短いため、こうした課題をクリアしなければ消費者がEVを購入するメリットは乏しいと言えます。

✓ ハイブリッド車(HV)やPHVも含めた電動化が進む

長い目でみればEV化の進展が見込まれますが、当面はその移行期で、環境対応車としてはHVやPHVが有望でしょう。将来的に、ガソリンエンジン、ディーゼルエンジンだけを搭載したクルマはなくなるかもしれませんが、それらも搭載した電動車の普及が進むとみられます。

✓ トヨタの電動化戦略

トヨタは2017年12月に電動化戦略を発表しました。その内容は、①2030年に、グローバル販売台数における電動車を550万台以上、EV・FCVは合計で100万台以上を目指す。②2025年頃までに、HV・PHV・EV・FCVといった電動専用車およびHV・PHV・EVなどの電動グレード設定車の拡大により、グローバルで販売する全車種を、電動専用車もしくは電動グレード設定車とする。これにより、エンジン車専用の車種はなくなる。というものです。

2030年までに全販売台数の50％以上がHVを含めた電動車

両になる見通しです。それに対して、EV・FCVが10％以上ですので、HV・PHVの販売も大きく伸びることが見込まれます。この領域では、自動車部品メーカーの内燃機関関連部品も搭載され、またHV・PHVの関連部品も追加されるため、デンソーやアイシン精機のような関連部品を手掛けるメーカーの付加価値は向上すると考えられます。

トヨタはEVの開発も積極的に進めています。2017年9月にマツダ、デンソーとEVの基幹技術を共同開発する新会社「EVシー・エー・スピリット」を設立しました。軽自動車からトラックに至るまで幅広くかつ効率的にEVの基本技術を開発する会社です。設立後、スズキやスバル、日野、ダイハツといった完成車メーカーが参加するという報道が出ています。

また、2017年12月にはパナソニックと車載用角型電池の協業について検討を開始したことを発表しました。今後、電動車が増えるなか、基幹部品のひとつとなるバッテリーにおいて競争力を高める狙いです。また、次世代電池である全個体電池の開発も進めるもようです。この連合には豊田自動織機が参画する可能性が一部で報道されるなど、自動車部品メーカーにとっても注目分野です。

3. 既存製品における環境対応

✓ 内燃機関の改善は必須

図3-1は各国／地域における自動車のCO_2排出量規制の動向です。時間の経過とともに規制値が厳しくなっています。欧州の

第 4 章　自動車部品業界のトピックス

規制が最も厳しく、2021 年には 1km の走行で排出される CO_2 を 95g 以下にしなければなりません。燃費換算するとガソリン 1ℓ 当たり約 24km になります。

ドイツのコンチネンタル社の資料によれば、2017 年時点でこの規制をクリアできているのは、HV・PHV・EV を除いてほとんどありません。また、規制値に対してディーゼルエンジン車が近く、ガソリンエンジン車が遠いという状況です。

環境対応の主力は中長期的には電動化です。一方で、自動車は概ね 4-5 年のサイクルで新型車に刷新されますので、現時点では 2020〜2021 年に発売される予定のモデルの概要が決まりつつあります。

2021 年に欧州で販売する自動車のすべてを HV・PHV・EV にすることは無理ですし、ディーゼルエンジンの燃費に対する信

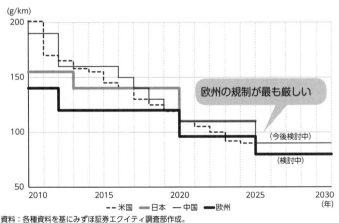

資料：各種資料を基にみずほ証券エクイティ調査部作成。

図 3-1　CO_2 排出量規制の動向

頼度が低下したなか、規制をクリアするにはガソリンエンジン車の燃費改善が必要不可欠です。

既存の自動車部品メーカーは、内燃機関の効率改善に向けた研究開発も進めています。例えば、デンソーは、内燃機関関連では燃料噴射装置などに強みがあり、また、それ以外でも燃費改善に貢献する製品を拡販しています。このように、既存製品であっても環境保全に貢献することが可能であれば付加価値向上につなげることも可能です。

従って、エンジン関連部品メーカーだからと言って必ずしも悲観する必要はありません。もちろん、環境規制は厳しくなる一方ですので楽観もできません。重要なのは、現在生産するもしくはしている製品が燃費改善にどう貢献するのか、どう新製品を開発していくのかを見極めることです。

✓ 軽量化も燃費改善に寄与

一般的に、自動車の重量を 100kg 軽くすると 1km/ℓ 燃費が向上すると言われます。ただし、自動車重量は概ね 1 〜 1.5t ですから、100kg の軽量化は簡単ではありません。また、単純に軽くするのであれば、例えば車体骨格の素材を鉄より軽いアルミやプラスチックにすれば良いのですが、クルマが衝突した際に乗員を守らなければなりませんので、強度を犠牲にするわけにはいきません。

軽量化を進めるとともに、使用される部位によっては強度も両立する必要があります。貢献する技術としては、鉄であればハイテン材（高張力鋼板）、またアルミや樹脂、炭素繊維などがあります。ハイテン材は、通常の鉄に比べて強度が増すため、薄くし

て軽量化することができ、車体骨格への採用が増えています。プレス関連メーカーの付加価値向上につながるため注目です。

炭素繊維も将来の素材として有望です。鉄よりも強度があり、なおかつ軽量で腐食しにくいという特徴があります。ただし、成形に手間がかかるためコストが高く、現在、自動車への採用は一部の車種に限られています。東レや三菱ケミカル、帝人の日系3社が世界でも高いシェアを誇ります。

自動車軽量化は EV シフトにおいても重要です。バッテリーや電装品の搭載が増すため車重が重くなり、航続距離が短くなるからです。今後、各素材の軽量化が EV の普及を後押しする可能性もあります。

4. ADAS/自動運転

✓ ADAS の普及が加速

自動運転に向けた開発が積極的に進められています。現在は、自動運転車の基礎となる高度運転支援システム（ADAS: Advanced Driver Assistance System）が普及し、実車への搭載が加速中です。完成車メーカーのテレビコマーシャルでも、衝突軽減ブレーキ（自動ブレーキシステム）を中心に安全機能として積極的に紹介されています。

一般的に、最先端の技術は高級車から搭載されます。販売価格が高いだけでなく、購入する消費者も最新技術に対する費用負担を惜しまない傾向にあるからです。一方で、安全技術に関しては必ずしも高級車ばかりに搭載されるわけではありません。最近で

は、日本の軽自動車にも衝突軽減ブレーキが搭載されています。小型低価格車の購入層にとっても安全性向上に対するニーズは高く、機能が限定的であっても必要とされているのです。今後も高級車には最新技術、それ以外でも車両価格に見合った技術もしくは必要とされる技術の搭載が進むとみられます。

✓ 現状はレベル1-2の搭載車が普及しレベル3が最先端

表4-1は自動運転のレベルと概要を示しています。現在導入されているADASの多くは、加速・操舵・制動のいずれかの操作をシステムが行う状態でありレベル1に該当します。

2016年に日産が導入した新型セレナは、高速道路において、

2017年はレベル3まで進展

表4-1 自動運転レベルの概要

レベル	概要	安全運転に係る監視、対応主体
運転者が全てあるいは一部の運転タスクを実施		
レベル0 運転自動化なし	・運転者が全ての運転タスクを実施	運転者
レベル1 運転支援	・システムが前後・左右のいずれかの車両制御に係る運転タスクのサブタスクを実施	運転者
レベル2 部分運転自動化	・システムが前後・左右の両方の車両制御に係る運転タスクのサブタスクを実施	運転者
自動運転システムが全ての運転タスクを実施		
レベル3 条件付運転自動化	・システムが全ての運転タスクを実施（限定領域内） ・作動継続が困難な場合の運転者は、システムの介入要求等に対して、適切に応答することが期待される	システム （作動継続が困難な場合は運転者）
レベル4 高度運転自動化	・システムが全ての運転タスクを実施（限定領域内） ・作動継続が困難な場合、利用者が応答することは期待されない	システム
レベル5 完全運転自動化	・システムが全ての運転タスクを実施（限定領域内ではない） ・作動継続が困難な場合、利用者が応答することは期待されない	システム

資料：官民ITS構想・ロードマップ2017。

一定の条件下でアクセルやブレーキを自動で制御するとともに、同一車線での走行を維持するためのステアリング操作も行うという機能が搭載されました。これは、加速・操舵・制動のうち複数の操作を一度にシステムが行う状態であり、レベル2に該当します。

また、2017年にはアウディがレベル3に該当する技術を搭載した新型A8を発表しました。レベル3は、一定の条件下で加速・操舵・制動の全てをシステムが行い、システムの介入要求時にはドライバーが対応する状態です。このように完全自動運転化に向けて段階的に技術が進化しています。

✔ NCAPでも評価項目に採用

ADAS搭載車の普及は、各国／地域で実施されているNCAP（New Car Assessment Program：自動車アセスメント）の評価項目に、従来の衝突安全に加えて予防安全が追加されたことも後押ししています。

NCAPとは、現在市販されている自動車の安全性能を試験し、その評価結果を公表したものです。公表することにより、自動車のユーザーが安全な車を選びやすい環境を整えるとともに、完成車メーカーによる安全性の高いクルマの開発を促進し、安全な普及を図ることを目的としたものです。日本にはJNCAP（Japan New Car Assessment Program）、ヨーロッパにはユーロNCAPがあります。また、米国（NHTSA、INSURANCE INSTITUTE FOR HIGHWAY SAFETY）やオーストラリア、韓国、中国などでも、それぞれ行われています。

よくわかる自動車部品セクター株入門編

✔ 様々な分野の企業が技術開発を進める

予防安全機能に対する消費者ニーズの高まりや、NCAP での評価項目の広がりを受けて、ADAS 搭載車の普及は今後ますます進む見通しです。要素技術である認知、判断、制御の精度を高めるための研究開発競争は熾烈です。完成車メーカーはもちろん、自動車部品メーカー、半導体企業、電子部品企業、IT 関連企業、政府機関や大学など様々な企業や機関が競争や協働を繰り広げています。

自動車部品メーカーでは、ボッシュ社やコンチネンタル社、デンソーなどが ADAS 関連システムを供給していますが、最近では米国の半導体メーカー NVIDIA 社が注目されています。また、完全自動運転化に向けてレベルが進めば、今以上にクルマ同士の通信や、クルマと道路との間での通信が必要となります。次々と新しい技術や企業が出てくるため、情報のアップデートが欠かせない分野です。

5. 完成車メーカーからのアウトソースの流れ

✔ 完成車メーカーの開発テーマが多様化

前述した CASE は自動車産業を根幹から変える可能性があり、完成車メーカーは同業者間の競争のみならず、異業種からの参入にも備えなくてはなりません。

電動化では既に米国のテスラが参入しましたし、今後中国では新興 EV メーカーが台頭する可能性があります。また、自動運転ではグーグルやアップルが技術開発を進めています。一方で、

第4章　自動車部品業界のトピックス

コネクテッド分野や AI 分野では連携も図るなど競争でも協働でも異業種との関りが増しています。

　いずれにしても、完成車メーカーにとってはこれまでと異なる全く新しい分野での研究開発が必要になり、また、その費用は莫大だということです。例えば、トヨタは 2016 年度に年間 1 兆 375 億円、ホンダは 6,853 億円もの研究開発費を投じました。

✔ リソースを新しい領域に重点配分

　もちろん燃費改善など既存技術の延長線上においても研究開発を続ける必要があります。しかし、無尽蔵に費用を増やすこともできないので、その配分を新技術の方に寄せるようになると考えられます。これは、製品開発だけでなく工場の生産能力や生産品目に関しても同様です。

✔ 内製から自動車部品メーカー製にシフト

　その結果、既存領域の製品が完成車メーカー自身の開発、生産（内製）から自動車部品メーカー製にシフトするケースが出ています。もちろん、部品メーカーであればどこでも良いわけではなく、商品開発力や品質が高く、コスト競争力があり、納期を守ることが求められます。また、グローバル化が進んでいますので、各地域で同一製品を同一品質で供給できることも条件です。

　日本の自動車部品メーカーは、ものづくりに強みを持つとともにグローバルに拠点を展開していますので、こうしたニーズに合致し受注を獲得しています。例えば、ホンダ系部品メーカーのエフ・シー・シーは、四輪車用クラッチをフォードやクライスラー、ドイツのトランスミッションメーカーである ZF 社から受注し、ホン

89

よくわかる自動車部品セクター株 入門編

ダ以外への売上高依存度が大きく上昇しました（第2章、図4-6参照）。また、アイシン精機は、フォルクスワーゲン、BMW、ボルボなどの欧州メーカーや中国民族系メーカーからのオートマチックトランスミッションの受注を大幅に増やしています。

✔ 将来的には残存者メリットも

エフ・シー・シーやアイシン精機が受注している部品は、パワートレイン関連であり、完成車メーカーにとって商品力に関わる重要な部品です。一方で、将来的にはEVへのシフトにより生産数量が減少する可能性があります。そのような部品のため、今後様々な完成車メーカーが外注への切り替えを検討する可能性が考えられ、その場合は注文が集中し残存者メリットが得られるでしょう。

もちろん、それをただ受けているだけでは成長が止まってしまうので、当面の業績拡大につなげるとともに、得た利益を将来成長に向けた新製品開発に充当することが必要です。

6. 自動車の作り方の変革（モジュール化）と部品共通化

✔ 車種数が増え非効率に

これまで、基本的に完成車メーカーが生産・販売する車種の数は増加傾向にありました。消費者ニーズの変化によるモデルの多様化（セダンからミニバン、SUVなど）、デザインの差別化、エンジン排気量のラインアップ拡充、グローバル化が進んだことで各国や地域の規制や消費者ニーズにも対応しなければならなくなったこと、などが背景です。

第4章　自動車部品業界のトピックス

　一方で、車種が増えれば1車種当たりの生産台数は少なくなります。また、調達する部品の種類が増えるのに対して、1種類当たりの調達量が限られます。これでは多品種少量生産となり非効率で、数量効果による生産性改善や調達面でのコストダウンが進みません。

✔ 完成車メーカーがモジュール化を推進

　こうしたなかで、完成車メーカーはモジュール化やプラットフォームの統合を進めることで、開発や生産の効率化を図り、部品においても共通化を進めています。

　例えば、フォルクスワーゲンは「MQB」と呼ばれるモジュール化されたプラットフォームを開発しました。エンジンやトランスミッションのバリュエーションが少なくなるなど部品の共通化も進め、フォルクスワーゲンブランドだけでなく、グループ内の幅広い車種で共有されています。

　また、日系完成車メーカーでもモジュール化は進められています。例えば、日産の「CMF（Common Module Family）」は、エンジン、コックピット、フロントアンダーボディ、リアアンダーボディ、電子アーキテクチャーの5つのモジュールから構成されており、この構成は日産車だけでなくルノー車でも共有されています。

　トヨタは「TNGA（Toyota New Global Architecture）」を開発し、パワートレインユニットとプラットフォームを刷新中です。商品力の飛躍的な向上と原価低減を同時に実現する、もっといいクルマづくりを推進しています。

91

✔ 自動車部品メーカーはシステム化と部品共通化に対応

モジュール化の流れを受けて、自動車部品メーカーでも部品の単品納入ではなく、複数の部品を組み合わせて納入するシステム化が求められています。また、これまでの機械式から電子制御式へのシフトも起こっています。このような環境下、ボッシュ社やコンチネンタル社のようなシステムサプライヤーの競争力が増しているとともに、電子部品メーカーの参入も起こっています。

また、モジュール化により、採用される部品の共通化も進んでいます。同一部品が世界中で採用されることにもなり、自動車部品メーカーにとっては一度受注すれば、その部品がグローバルかつ他のモデルにも広がる可能性が高まります。一方で、受注できなければ、継続的に売上高を減少させる要因になります。

システム化への対応やグローバル生産体制の構築が、今まで以上に成長性を分けることになるでしょう。

第**5**章

主要銘柄を紹介

よくわかる自動車部品セクター株🔰入門編

第5章の注意、資料について

注：証券コード順に会社を掲載（カルソニックカンセイ［非上場］、およびタイヤ4社については、末尾に別途まとめてある）。各企業の中期経営計画など将来見通しは2018年3月末時点のもの。

表中の▲はマイナス。

資料：特に記載のないものは、各企業の発表資料を基にみずほ証券エクイティ調査部作成。

第5章　主要銘柄を紹介

✓ 主要部品と関連企業を紹介

以下に、日本自動車部品工業会が実施する自動車部品出荷動向調査の品目区分に沿って、第5章で紹介する企業の主要製品を示します。

品目名	主要部品
エンジン部品	ガソリン用インジェクター、ラジエーター、マニホールド、ピストンリングなど
関連企業	豊田自動織機（6201）、デンソー（6902）、フタバ産業（7241）大同メタル工業（7245）、ケーヒン（7251）、大豊工業（6470）アイシン精機（7259）、愛三工業（7283）、カルソニックカンセイ（非上場）
電装品・電子部品	スターター、スパークプラグ、リモートキー、エンジン制御装置、トランスミッション制御装置、ブレーキ関係電子装置、各種センサー、衝突回避・軽減装置など
関連企業	デンソー（6902）、東海理化（6995）、ケーヒン（7251）、アイシン精機（7259）
照明・計器など電気・電子部品	ヘッドランプ、スピードメーター、スイッチ類、ワイパー・モーターなど
関連企業	デンソー（6902）、スタンレー電気（6923）、市光工業（7244）、小糸製作所（7276）、日本精機（7287）、カルソニックカンセイ（非上場）
駆動・伝導及び操縦装置部品	クラッチ、トランスミッション、ステアリング、デファレンシャル、オイルシールなど
関連企業	武蔵精密工業（7220）、NOK（7240）、アイシン精機（7259）、ショーワ（7274）、エクセディ（7278）、エフ・シー・シー（7296）
懸架・制御装置部品	ショックアブソーバー、ドラム/ディスクブレーキなど各種ブレーキ製品など
関連企業	日信工業（7230）、曙ブレーキ工業（7238）、アイシン精機（7259）、ショーワ（7274）
車体部品	プレス部品、シート、内装品、外装品など
関連企業	トヨタ紡織（3116）、ダイキョーニシカワ（4246）、ユニプレス（5949）、東プレ（5975）、パイオラックス（5988）、ニッパツ（5991）、タチエス（7239）、プレス工業（7246）、太平洋工業（7250）、河西工業（7256）、豊田合成（7282）、ヨロズ（7294）、テイ・エス テック（7313）、ニフコ（7988）
用品	カーステレオ、冷房装置及び暖房装置
関連企業	サンデンHD（6444）、デンソー（6902）、ケーヒン（7251）、カルソニックカンセイ（非上場）
その他（情報関連部品）	ナビゲーションシステム及び関連機器、ETC車載器
関連企業	デンソー（6902）、アイシン精機（7259）

資料：日本自動車部品工業会「自動車部品出荷動向調査」を基にみずほ証券エクイティ調査部作成。

トヨタ紡織 (3116)

● 一言紹介

　トヨタ系シートメーカー。内外装品やユニット部品を手掛ける。長く低迷した北中南米、欧州の収益が改善。今後、シートシステムサプライヤーへの基盤を確立する方針。2017年3月に独立系シートメーカーのタチエスと業務提携契約を締結、6月に出資。

2016年度所在地別セグメント

(単位：億円、%)

	売上高	構成比	営業利益	構成比	営業利益率
日本	7,186	53	231	32	3.2
北中南米	2,954	22	133	18	4.5
アジア・オセアニア	3,277	24	331	46	10.1
欧州・アフリカ	907	7	22	3	2.5
調整額	▲745	▲5	2	0	-
合計	13,579	100	719	100	5.3

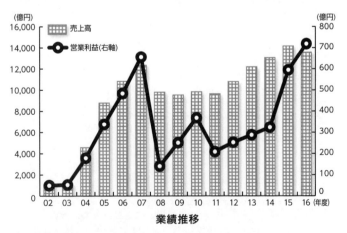

業績推移

● 決算説明会資料の会社HP上での開示：有

第 5 章　主要銘柄を紹介

● 製品・事業紹介

　自動車用シートを中心に鉄道車両用シート、航空機用シートを生産・販売するシート事業が主力です。また、自動車の天井やドアトリム、車内イルミネーション、バンパーなどの内外装事業、エアフィルターやオイルフィルター、吸気システム、ハイブリッド車用モーターコアなどのユニット部品事業も手掛けています。

　同社は、トヨタのグローバル展開に沿って拠点拡充を進めてきました。現在、日本、米州、アジア・オセアニア、中国、欧州・アフリカの世界 5 極に生産拠点があります。また、各地域には統括会社を置き、グローバル本社と連携体制を築いています。

● 北中南米、欧州・アフリカセグメントの業績が回復

　海外事業は、アジアセグメントは堅調でしたが、北中南米および欧州・アフリカセグメントの赤字が長く続きました。

　北中南米セグメントは、2008 年度から 2014 年度まで 7 期連続の営業損失を計上しました。2008 年に発生したリーマンショックの影響もありましたが、新製品立ち上げ時など生産性が安定せず、通常以上の費用が恒常的にかかっていたことが主な要因です。一方で、改善努力を継続したことで 2015 年度に黒字転換を果たし、2016 年度にも営業利益を伸ばしました。今後は、安定した生産性の維持と受注動向が注目されます。

　欧州・アフリカセグメントは、現在の区分に変更された 2009 年度から 2015 年度まで 7 期連続の営業赤字でした。2011 年に欧州の自動車部品メーカーから内装事業を買収し、欧州自動車メーカーへの拡販を狙いましたが、新車販売の動向や企業文化の違いなどにより、当初期待した成果は得られませんでした。そこ

97

で 2016 年 3 月に事業を再編し 2016 年度には黒字に転換しています。

● タチエスとの業務提携契約を発表、株式も取得

2017 年 3 月 30 日に独立系シートメーカーのタチエスと業務提携契約を締結しました。①既存部品の相互供給、②新規部品の開発検討、③生産拠点・設備の相互活用、により、自動車用シート事業におけるグローバル市場での競争力を強化することが狙いです。同年 6 月 29 日には、タチエスの発行済み株式の 4.17％に相当する 152 万 1,000 株を約 30 億円で取得しました。今後、連携を一層強化する方針です。

● 2020 年中期経営実行計画：競争力、経営基盤の強化を図る

2030 年を見据えて持続可能な成長を目指し、その実現に向けた具体的な活動として、2020 年中期経営実行計画を策定しました。2016 ～ 2020 年度の 5 ヵ年計画です。新技術・新製品の開発、モノづくりの革新、モノづくり力の更なる向上による競争力強化や経営基盤の強化を進める方針です。

2020 年度に目指す姿として、営業利益率 5％以上を安定的に確保すること、自己資本比率 40％程度、ROE10％程度、配当性向 30％程度を掲げています。また、売上高 1 兆 4,000 億円、営業利益 700 億円＋ α をイメージとしています。

グローバルでの競争が激しさを増すなか、何もしなければ売上高は減少し採算も低下するという危機感のもと、着実に実行計画を進めることで少なくとも現状を維持し、その後の成長につなげる方針です。

ダイキョーニシカワ (4246)

● 一言紹介

　2007年4月に3社合併により発足。マツダを中心にバンパーやインストルメントパネルなど自動車に関わる樹脂部品を納入。クルマの軽量化に向けた金属部品から樹脂部品への置き換えが成長機会。バスユニット部材など住設関連製品も手掛ける。

2016年度所在地別セグメント

(単位：億円、%)

	売上高	構成比	営業利益	構成比	営業利益率
日本	1,229	79	119	83	9.7
中国・韓国	62	4	3	2	5.1
アセアン	95	6	10	7	10.1
中米・北米	171	11	14	10	8.1
調整額	–	–	▲2	▲1	–
合計	1,556	100	144	100	9.2

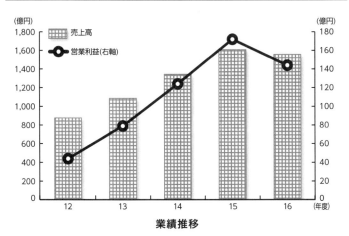

業績推移

● **決算説明会資料の会社HP上での開示：有**

よくわかる自動車部品セクター株 入門編

● 製品・事業紹介

自動車関連部門においては、外装部品、内装部品、エンジンルーム部品の生産、販売を行っています。

手掛ける製品は多岐にわたり、外装部品は、バンパーやバックドア、リアガーニッシュ、スポイラーなどがあります。内装部品は、インストルメントパネル、ドアモジュール、アシストグリップなどです。エンジンルーム部品は、インテークマニホールドやオイルストレーナーなどが含まれます（21、25 ページ参照）。

自動車の燃費改善に向けて軽量化が求められるなか、金属部品から樹脂部品への置き換えが進んでおり、同社はそれに貢献することが可能な自動車部品メーカーのひとつです。主要顧客のマツダへの貢献はもちろんのこと、近年ではダイハツ向け樹脂製バックドアの納入も増えています。

住宅関連部門では、自動車部品製造で培った経験を活かし、総合プラスチックメーカーとして、バスユニット部材や洗面部材・キッチン部材を手掛けています。

● 中期経営計画：収益性の目標は 2016 年度時点で達成

2018 年度を最終年度とする中期経営計画では、売上高 1,600 億円、営業利益率 8％以上、ROE10％以上を目標としています。2016 年度の実績は、売上高が 1,556 億円、営業利益率が 9.2％、ROE は 18.7％であり、営業利益率と ROE は目標を超えました。今後の維持、向上策が注目されます。

100

ユニプレス (5949)

● 一言紹介

車体プレス製品を主力とし、経営理念は「プレスを究めて、プレスを越える」。トランスミッション用製品、樹脂プレス製品も手掛ける。日産グループ向け売上高が全体の約8割。個人投資家向け説明会も実施。

2016年度所在地別セグメント

(単位：億円、%)

	売上高	構成比	営業利益	構成比	営業利益率
日本	1,071	33	62	27	5.8
米州	1,067	33	73	32	6.8
欧州	347	11	16	7	4.6
アジア	727	23	81	35	11.2
調整額	-	-	▲2	▲1	-
合計	3,212	100	230	100	7.2

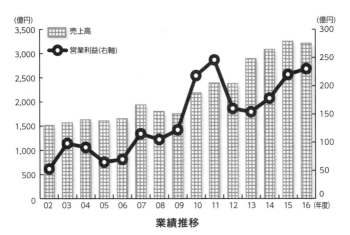

業績推移

● 決算説明会資料の会社HP上での開示：有

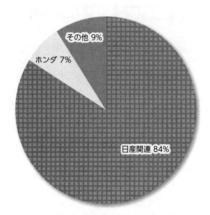

2016年度顧客別売上高構成比

●製品・事業紹介

　同社の製品は、車体プレス製品、トランスミッション製品、樹脂製品、その他、に分かれます。生産拠点は日本、米州、欧州、アジアの4極に設け、2016年度の海外売上高比率は約7割に上ります。中国やメキシコで工場を拡張するなど、新規車種の受注や増産に対応しています。顧客別売上高は、日産グループ向けが約8割を占めるものの、近年ではホンダ向けが増加基調です。

●車体プレス製品：軽量化と高強度化を両立するニーズに応える

　2016年度売上高の85%を占める主力事業です。フロントサイドメンバーやステアリングメンバー、サイドルーフメンバー、センターピラーなどを生産し、車体の骨格部品の80%以上を構成します。

　車体骨格部品は、燃費向上のための軽量化や衝突安全性の向上に寄与する重要な部品です。同社は、軽量化と高強度化を両立す

第 5 章　主要銘柄を紹介

るために、ハイテン材やホットスタンプ、アルミの適用など様々なアプローチで技術開発に取り組んでいます。

●トランスミッション製品：日産グループ以外への拡販も進展

　トルクコンバータやクラッチパック、ピストンプランジャー、オイルパンなどトランスミッション用部品を生産し、2016 年度は売上高全体の 13% を占めました。

　日産グループ向けには軽量・小型・低燃費トルクコンバータを開発し納入しました。日産グループ以外では、世界最大手トランスミッションメーカーであるアイシン・エィ・ダブリュや SUBARU、マツダなどへ拡販が進展中です。

●樹脂製品、その他：フロントアンダーカバーなど

●中期経営方針：グローバル No.I を目指し収益力と競争力を強化

　2017 年度から 2019 年度の中期経営方針では、①グローバル展開と生産基盤の強化、②製品・素材・工法の革新、③業界トッププレベルの競争力、④グローバルマネジメントの強化、を重要な課題として挙げています。2019 年度の数値目標は、売上高が 3,250 億円、営業利益は 260 億円です。

103

東プレ (5975)

● **一言紹介**

　独立系の車体用プレス部品メーカー。軽量化と高強度化を実現する高張力鋼板（ハイテン材）に強み。プレス関連製品事業は約6割が日産、約3割がホンダ向け。冷凍車も手掛ける。個人投資家向けの情報提供ではHPへの掲載や説明会を行うなど充実。

2016年度事業別セグメント

(単位：億円、%)

	売上高	構成比	営業利益	構成比	営業利益率
プレス関連製品事業	1,097	67	133	65	12.1
定温物流関連事業	452	28	64	31	14.0
その他	84	5	8	4	9.8
合計	1,634	100	204	100	12.5

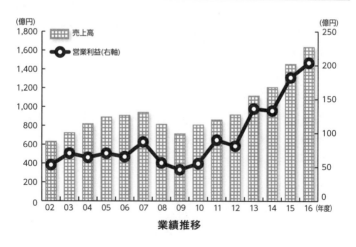

業績推移

● **決算説明会資料の会社HP上での開示：有**

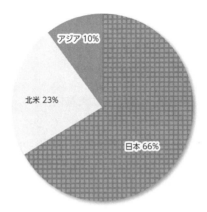

2016年度地域別売上高構成比

● **製品・事業紹介**

　同社の事業は、プレス関連製品事業、定温物流関連事業、その他に分かれます。海外にも事業を展開しており、プレス関連製品事業では米国、メキシコ、中国、タイに拠点を構え、定温物流関連事業ではインドネシアに進出しています。

● **プレス関連製品事業：同社の屋台骨、ハイテン材に強み**

　フロントドアの前面部にあるフロントピラーや、フロントドアとリアドアの間に位置するセンターピラーなど車体用プレス部品の生産・販売を行っています。売上高、営業利益ともに全体の6～7割を占める主力事業です。

　近年では、高張力鋼板（ハイテン材）の採用が広がっています。軽量化を実現すると同時に強度も高めることが可能になるため、自動車メーカーの採用ニーズが高まっていることが背景です。一方で、通常の鉄に比べるとプレス成型するのが困難でしたが、同

社は早くからその技術を深め対応を可能にしています。また、さらなる軽量化、高強度化のためにホットスタンプ工法も導入しています。

● 定温物流関連事業：業績は拡大基調

冷凍および冷蔵車等を生産しています。2016年度は、売上高、営業利益ともに約3割の貢献がありました。同社は、冷凍車において冷凍装置とコンテナを一貫生産する国内唯一のメーカーです。コンテナ内の荷物に合わせた最適な温度帯の冷凍車を製造できることが強みになっています。コンビニ配送をはじめ、様々な定温流通の場面で活用されています。

● その他：空調機器関連製品やパソコン用キーボードなど

● 中期経営計画：持続的な業績拡大を目指す

2017年度から第14次中期経営計画が開始しました。最終年度である2019年度の業績目標は売上高2,000億円、営業利益240億円です。またROE11.0％以上、ROA6.5％以上を目指しています。第13次中期経営計画の最終年度（2017年度）に対しては、売上高を22.5％、営業利益を17.6％引き上げる方針です。

売上高目標2,000億円の事業別内訳は、プレス関連製品事業が1,400億円、定温物流関連事業が500億円、その他が100億円です。各事業ともに成長を見込み、特にプレス関連製品事業を北米やアジアで伸ばす方針です。

パイオラックス(5988)

●一言紹介

自動車向け工業用ファスナーと精密ばねが主力。日産向けが約4割。取引する自動車メーカーは多く、ホンダなど日系メーカーのほか、現代や欧米系メーカーにも納入。医療関連でカテーテルやステントも手掛ける。

2016年度事業別セグメント

(単位:億円、%)

	売上高	構成比	営業利益	構成比	営業利益率
自動車関連等	604	94	111	107	18.4
医療機器	38	6	0	0	0.5
調整額	–	–	▲8	▲7	–
合計	643	100	104	100	16.2

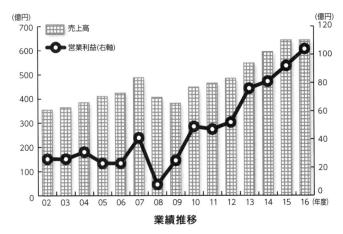

業績推移

●決算説明会資料の会社HP上での開示:有

2016年度所在地別セグメント

(単位：億円、%)

	売上高	構成比	営業利益	構成比	営業利益率
日本	312	48	54	52	17.5
北米	128	20	20	19	15.4
アジア	165	26	25	24	14.9
その他	38	6	6	5	14.6
調整額	-	-	▲0	▲0	-
合計	643	100	104	100	16.2

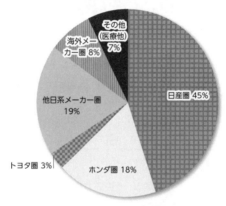

2016年度顧客別売上高構成比

● **製品・事業紹介**

同社の事業は自動車関連等と医療機器に分かれます。売上高、営業利益ともに9割以上が自動車関連等です。日本のみならず、米国、アジア、欧州への拠点展開を進めたことで、現代やGM、ルノーなどの海外メーカーからも受注を獲得しています。

● **自動車関連等：クルマの様々な部位に使用される**

自動車の内外装部品や配管類を車体に固定する際に用いるファスナーや電線を束ねるハーネス部品、トランスミッションに使用

第 5 章　主要銘柄を紹介

されるばねなど手掛ける部品は様々です。車種によって異なりますが、同社の製品は平均するとクルマ 1 台に 1,500 個以上使用されています。

● 医療機器：子会社が手掛ける

同社の連結子会社であるパイオラックスメディカルデバイスが、カテーテルやステントなどの医療用器具の生産・販売をしています。業績への寄与は限定的ですが、中期経営計画において貢献度を高める方針を掲げています。

● 中期経営計画：売上高 670 億円、営業利益 106 億円が目標

2017 年度から 3 ヵ年中期経営計画を開始しています。燃料系や開閉機構部品といった成長戦略商品を強化し、海外自動車メーカーへの売上高構成比を 2016 年度の 8％から 2019 年度に 12％へ高めることを目指しています。また、医療事業の構成比を 6％から 10％へ引き上げる方針です。

109

ニッパツ (5991)

● 一言紹介

　独立系。懸架ばねやシート、ハードディスクドライブ（HDD）用サスペンションなど手掛ける製品は多岐にわたる。懸架ばねが高採算。日産、SUBARU、トヨタの上位3グループ向け売上高が全体の約5割。2020中計では、懸架ばね以外の採算良化を目指す。

2016年度事業別セグメント

(単位：億円、%)

	売上高	構成比	営業利益	構成比	営業利益率
懸架ばね	1,195	19	115	28	9.6
シート	2,859	46	140	34	4.9
精密部品	1,391	22	96	24	6.9
産業機器他	824	13	55	14	6.7
合計	6,270	100	406	100	6.5

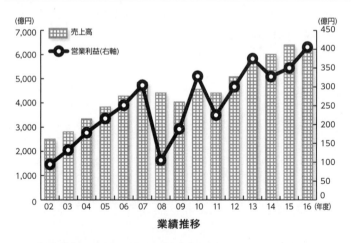

業績推移

● **決算説明会資料の会社HP上での開示：有**

2016年度所在地別セグメント

(単位：億円、%)

	売上高	構成比	営業利益	構成比	営業利益率
日本	3,809	61	262	65	6.9
アジア	1,408	22	115	28	8.1
北米ほか	1,053	17	29	7	2.8
合計	6,270	100	406	100	6.5

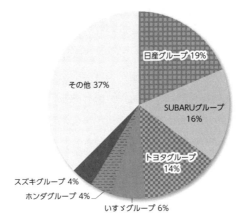

2016年度顧客別売上高構成比

●製品・事業紹介

同社の製品は、懸架ばね（24ページ）やシートなどの自動車分野、HDD用サスペンションなどの情報通信分野、産業・生活分野に大別されます。事業セグメントは、懸架ばね、シート、精密部品、産業機器ほか、の4つです。

●懸架ばね：高採算事業

路面からの振動や衝撃を吸収し、乗用車やトランクのサスペンションに使用されるコイルばね、乗り心地向上と操縦安定性を両立させ、トラックやバスの懸架用に使われる板ばねのほか、スタ

ビライザーやトーションバーなどの各種ばね製品が含まれます。

同事業は、売上高の約2割、営業利益の約3割を占めます。市場シェアが高く、2016年度の営業利益率は9.6%と各事業のなかで最も高水準でした。

● シート：同社の最大事業

自動車用シート、シート用機構部品、内外装品を手掛けています。2016年度に、売上高の約5割、営業利益の約3割を占めた同社最大の事業セグメントです。一方で、多くのシートメーカーが存在し競争が激しいこともあり、他の事業に比べて低採算にとどまります。そのため、現在受注している車種の後継車の着実な受注や原価低減の推進による採算改善を目指しています。

● 精密部品：シェアアップで採算を維持、向上へ

HDD用サスペンション、HDD用機構部品、自動車用線ばねなどを生産しています。2016年度には、売上高、営業利益ともに全体の2割程度を占めました。HDDの数量減少による影響はありますが、高い品質と低コストを両立したサスペンションの供給によりシェアを上げることに加え、固定費抑制によって利益を確保する方針です。

● 産業機器ほか：様々な製品を取り扱う

2016年度の売上高、営業利益構成比はともに全体の約1割でした。セラミック製品やプラントなどに使用される配管支持装置、機械式立体駐車装置、ゴルフシャフトなど手掛ける製品は豊富です。

第 5 章　主要銘柄を紹介

●中期経営計画：収益向上と拡販で先行投資負担をこなし
　成長へ

　同社は 2020 年度を最終年度とする中期経営計画を実行中です。既存拠点の収益向上と海外拠点の充実、既存製品の販売拡大により、2020 年度の売上高を 7,100 億円、営業利益を 540 億円へ引き上げる目標です。また、財務目標値として、経常利益率 8％以上、ROE10％以上、配当性向 30％以上を掲げています。

　事業別では、懸架ばねは新規拠点の収益貢献がある一方で、国内での固定費増加により営業利益は横ばい圏にとどまる見通しです。一方、それ以外の事業は利益拡大を見込んでおり、シートは海外での販売増加、精密部品では自動車関連での拡販や海外拠点の合理化が寄与するとしています。産業品ほかも各製品を堅調に伸ばす見込みです。

113

豊田自動織機(6201)

● 一言紹介

トヨタグループの源流企業。主力製品であるカーエアコン用コンプレッサー、フォークリフトでいずれも世界シェア首位。トヨタの車両、エンジンの組み立てや、ハイブリッド車向け部品も手掛ける。産業車両ではM&Aも活用し事業規模を拡大。

2016年度事業別セグメント

(単位：億円、%)

	売上高	構成比	営業利益	構成比	営業利益率
自動車	11,246	50	269	22	2.4
産業車両	10,016	45	844	69	8.4
繊維機械	663	3	51	4	7.6
その他	580	3	65	5	11.2
調整額	−	−	1	0	−
合計	22,505	100	1,230	100	5.5

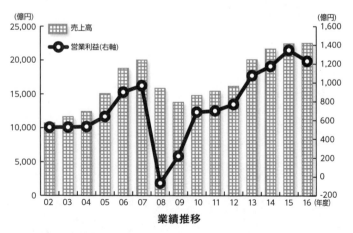

業績推移

● 決算説明会資料の会社HP上での開示：有

第 5 章　主要銘柄を紹介

●製品・事業紹介

　事業は、自動車、産業車両、繊維機械、その他に分かれます。
従来は物流事業もありましたが、2015 年度に子会社 2 社を売却
し、自動車および産業車両への選択と集中を進めています。

　なお、2017 年度より会計基準を国際基準（IFRS）へ変更しま
した。変化が大きいのは、車両とエンジンにおいて有償支給部品
の計上がなくなり加工代相当額のみの計上となる点です。遡及し
て公表された 2016 年度の自動車の売上高は 5,627 億円と日本
基準の 1 兆 1,246 億円に対して減少しています。

●自動車：カーエアコン用コンプレッサーが成長ドライバー

　自動車事業には 4 つの製品群が含まれます。トヨタのヴィッツ、
RAV4 の受託生産を行う車両、ガソリンおよびディーゼルエン
ジンの開発・生産を手掛けるエンジン、カーエアコン用コンプレッ
サー、電子機器・鋳造品ほかです。

　利益貢献度が高く、成長性が高いのはカーエアコン用コンプ
レッサーです。同社は世界シェア 4 割を超えるトップメーカーで、
燃費向上に寄与する製品の開発により、トヨタだけでなく世界中
の自動車メーカーへ販売を広げています。長期的にはハイブリッ
ド車やプラグインハイブリッド車、電気自動車の普及により、コ
ンプレッサーが電動化することが予想されます。電動コンプレッ
サーにはモーターやインバーターが搭載されることもあり、販売
価格の上昇が見込まれます。同社は、小型軽量化、電動化対応を
進めることで、世界シェア 5 割を目指すとしています。

115

よくわかる自動車部品セクター株 入門編

●産業車両：バリューチェーンや物流ソリューションを取り込む

フォークリフトの販売やメンテナンスなどサービスの提供が中心です。また、上場子会社のアイチコーポレーション（6345）が高所作業車を手掛けています。

フォークリフトの世界シェアは3割程度で首位です。同社はこれまで、フォークリフト自体の販売のみならず、構成部品の内製化、メンテナンスなどアフターサービスの強化、販売金融事業の取得、アタッチメントを手掛けるカスケード社の買収など、バリューチェーンを取り込むことで付加価値を高めてきました。

また、2017年には、中期的なeコマース市場の拡大を見据えて、物流ソリューション会社2社（バスティアン社、ファンダランデ社）を買収しました。フォークリフトと物流ソリューションのシナジーを活かし、グローバルでの事業強化を図ります。

●繊維機械：創業事業でトヨタグループのルーツ

紡機および織機の開発・生産・販売を一貫して行っています。織機の主力製品であるエアジェット織機は世界シェア第1位です。豊田佐吉による自動織機の発明がトヨタグループのルーツです。

●その他：陸上輸送など

●中期的な取り組み：産業車両とコンプレッサーを強化

同社は中期的な取り組みとして、産業車両およびカーエアコン用コンプレッサーの成長戦略を示しています。産業車両においては物流ソリューションとのシナジー創出、カーエアコン用コンプレッサーでは更なる拡販や電動化への対応を進める方針です。

サンデンホールディングス(6444)

● 一言紹介

　独立系。カーエアコン用コンプレッサー世界2位。欧州自動車メーカー向け販売が多い。冷凍・冷蔵ショーケースや自動販売機も手掛ける。収益性向上が課題。構造改革を進め成長路線への回帰を目指す。

2016年度事業別セグメント

(単位：億円、%)

	売上高	構成比	営業利益	構成比	営業利益率
自動車機器事業	1,992	71	44	279	2.2
流通システム事業	713	25	▲ 4	▲ 23	▲ 0.5
その他	116	4	▲ 25	▲ 156	▲ 21.3
合計	2,821	100	16	100	0.6

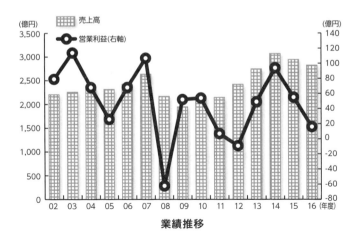

業績推移

● 決算説明会資料の会社HP上での開示：有

よくわかる自動車部品セクター株⚓入門編

●製品・事業紹介

　自動車機器事業、流通システム事業、その他の3事業で構成されています。2016年度の売上高構成比は、自動車機器事業が約7割、流通システム事業が2割強でした。営業利益は自動車機器事業を除き赤字でした。

●自動車機器事業：全社収益を支える

　カーエアコン用コンプレッサー、カーエアコンユニット、空調用熱交換器（エバポレーターやコンデンサー、ヒーターコア）、エンジン用熱交換器（インタークーラー、オイルクーラー）の生産、販売をしています。

　2016年度にはカーエアコン用コンプレッサーを世界で1,710万台販売、前年度に対し9％増加しました。カーエアコン用コンプレッサーの世界シェアは第2位で、最大手の豊田自動織機に次ぐ規模を誇ります。

　2017年5月には、ダイムラー向けに量産車として世界で初めてCO_2冷媒を採用したコンプレッサーの供給を開始しました（同社調べ）。今後は、電動コンプレッサーやヒートポンプシステムなど自動車の電動化に対応した製品を投入していく方針です。

●流通システム事業：採算改善が課題

　コンビニエンスストアなどに設置される冷蔵・冷凍ショーケースや自動販売機を手掛けています。2016年度は4億円の営業損失となりました。国内コンビニエンスストア市場での競争激化や、国内自動販売機市場の縮小が背景で、事業の選択と集中による採算改善を目指しています。

118

第5章　主要銘柄を紹介

●その他：競争力が低い製品は縮小へ

　主に国内で展開するエコキュートは、後発参入で競争力が他社に比べて低く不採算事業となっています。同社が掲げる構造改革の施策においては、事業を縮小する方針とされています。

●中期経営計画：抜本的構造改革を完遂し、成長路線回帰を目指す

　2017年度から2020年度までの4ヵ年中期経営計画を推進中です。重点項目は、①収益性向上に向けたコスト構造改革、②財務体質強化に向けた資産効率改善、③事業ポートフォリオの選択と集中、④経営システム革新、です。2017年度中に構造改革を完遂し、2018年度から成長路線に戻すことを目指しています。

　2020年度の目標値は、売上高3,200億円、売上高経常利益率5％、株主資本比率25％です。2016年度は、売上高2,821億円、売上高経常利益率▲1％、株主資本比率16％でした。

119

大豊工業 (6470)

● 一言紹介

　トヨタグループ向け売上高が約7割。主力のエンジン用すべり軸受のほか、設備・金型やエンジンの構成部品などを手掛ける。摩擦・摩耗を低減し、高効率・省エネにつなげることで、クルマの燃費改善に貢献する。EVなど電動化への取り組みが課題。

2016年度事業別セグメント

(単位：億円、%)

	売上高	構成比	営業利益	構成比	営業利益率
自動車部品関連事業	894	82	98	153	10.9
軸受	439	40	-	-	-
システム製品	153	14	-	-	-
ダイカスト製品	95	9	-	-	-
ガスケット製品	149	14	-	-	-
その他	55	5	-	-	-
自動車製造用設備関連事業	193	18	22	35	11.4
その他	2	0	1	2	56.5
調整額	-	-	▲57	▲90	-
合計	1,090	100	64	100	5.8

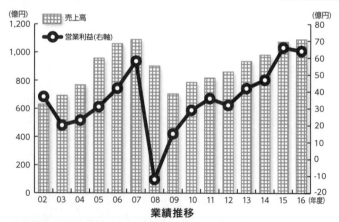

業績推移

● **決算説明会資料の会社HP上での開示：有**

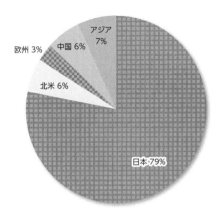

2016年度所在地別売上高構成比

●製品・事業紹介

　自動車部品関連事業および自動車製造用設備関連事業が主な事業です。日本を中心に北米、欧州、中国、アジアへ展開しています。

●自動車部品関連事業：すべり軸受が主力

　売上高の約8割、営業利益（調整前）でも約8割を稼ぐ事業です（2016年度実績）。自動車エンジンに搭載されるすべり軸受やバキュームポンプ、ガスケット、アルミダイカスト製品などを生産しています。主力の自動車エンジン用すべり軸受は、環境対応（低燃費、鉛フリー）などの技術的要求が高いため新規参入が難しく、同社を含む大手5社で世界市場を寡占しています。

　近年では、燃費改善効果が認められ、ホンダやSUBARU、GMなどトヨタ以外の自動車メーカーにも採用されています。

よくわかる自動車部品セクター株　入門編

● 自動車製造用設備関連事業：設備投資動向で業績が変化

　プレスの自動化装置や省力化・環境設備、機械、器具など各種設備、試作品や金型を生産しています。子会社の大豊精機が主に手掛ける事業です。

● 中期経営計画：「VISION2020」の実現を目指す

　同社は、「VISION2020 ～ 地球環境とお客様への貢献 ～」を掲げ、実現のために 2016 年度から 3 ヵ年の中期経営計画に取り組んでいます。この計画は、状況に応じて毎年見直すこととしています。

　自動車エンジン用すべり軸受では、高効率生産ラインの開発や低燃費対応製品の拡充、高性能材料の開発を目指し、それ以外ではバキュームポンプのコスト低減に取り組んでいます。また、EV や FCV など内燃機関を搭載しない車両向け製品の開発も進める方針です。

デンソー (6902)

●一言紹介

　国内最大の自動車部品メーカー。世界でもボッシュ社やコンチネンタル社と並び最大級。1949年にトヨタから分離独立。燃費改善に貢献する製品から電動化、自動運転に向けたシステムまで幅広く手掛ける。2025年度に向けて環境、安心・安全分野で成長を描く。

2016年度所在地別セグメント

(単位：億円、%)

	売上高	構成比	営業利益	構成比	営業利益率
日本	26,860	59	1,302	39	4.8
北米	10,772	24	600	18	5.6
欧州	5,773	13	202	6	3.5
アジア	11,393	25	1,127	34	9.9
その他	658	1	69	2	10.5
調整額	▲10,184	▲22	6	0	-
合計	45,271	100	3,306	100	7.3

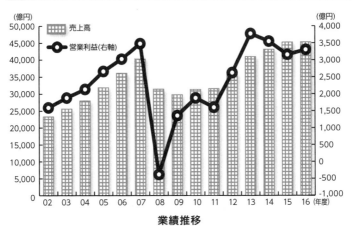

業績推移

●決算説明会資料の会社HP上での開示：有

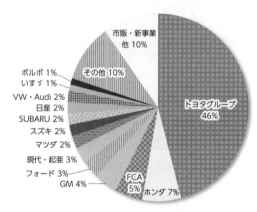

2016年度顧客別売上高構成比

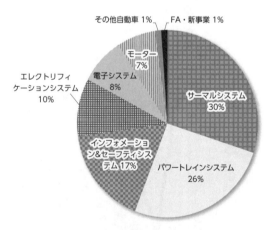

2016年度製品別売上高構成比

第 5 章　主要銘柄を紹介

●製品・事業紹介

　事業分野としては、自動車分野と FA（Factory Automation）・新事業分野に分かれます。自動車分野では、燃費改善に貢献する製品（環境）や、衝突安全・予防安全関連システム（安心・安全）など幅広いラインナップがあります。以下で各分野の概要を説明します。

●サーマルシステム：エアコンの世界シェアは約 3 割でトップ

　自動車・バス用エアコンシステムやトラック用冷凍機、ラジエーター等の冷却用製品を手掛けます。2016 年度に売上高の 3 割を占め、同社最大の製品群です。各製品のサイズが大きいため、自動車メーカーの近隣拠点での生産を基本とし、海外展開が進んでいます。競合するのは、ヴァレオ社やハノン・システムズ社、カルソニックカンセイ、ケーヒンなどです。

●パワートレインシステム：燃費改善に寄与

　ガソリン・ディーゼルエンジンの制御システムや吸排気製品、可変動弁製品などが含まれ、サーマルシステムに次ぐ事業規模があります。各国の燃費規制、排ガス規制強化が進むなか、ガソリン・ディーゼルエンジンには更なる効率化が求められており、それに貢献することでトヨタ以外の自動車メーカーへ販売を伸ばしています。

●エレクトリフィケーションシステム：電動化での成長分野

　ハイブリッド車、プラグインハイブリッド車および電気自動車の駆動、電源システムと関連製品、スターターやオルタネーター

125

よくわかる自動車部品セクター株入門編

が主です（21ページ参照）。トヨタのPriusにハイブリッド車用パワーコントロールユニットとモータージェネレーターを納入するなど今後の車両の電動化に向けて拡大が見込まれます。また、同社の電動化システムは、サーマルシステムなども含めて車両全体で省電力・省燃費に貢献可能な点が強みとなります。

● **インフォメーション＆セーフティシステム：自動運転で成長へ**

コックピット情報システムやヘッドアップディスプレイに加え、ミリ波レーダー（22ページ参照）、画像センサーなどの予防安全製品を開発から生産・販売に至るまで一貫して行います。ADAS搭載車の普及や自動運転化により拡大が見込まれる製品群です。ADAS関連製品は、トヨタのToyota Safety SenseやダイハツのスマートアシストⅢなどに搭載され、新型レクサスLSにもステレオ画像センサーおよびミリ波レーダーが採用されました。コネクティッドも同社が注力している領域です。

● **電子システム：ECUなど高収益事業**

エンジン制御コンピューター（ECU）や車載用半導体センサーを手掛けます。幅広い商品ラインナップ、半導体からECU、アクチュエーターまでを一貫して開発できることが強みです。2017年9月には半導体IP設計の新会社エヌエスアイテクスを設立し、自動運転に向けた開発を強化する方針です。

● **モーター：収益性改善が今後の課題**

ワイパーシステムやパワーウィンドーなどに搭載される小型モーターを中心に生産しています。今後、車両の電動化に伴い、

第5章　主要銘柄を紹介

1台当たりの搭載点数が増加する見通しですが、競争も激しく、付加価値向上が課題です。2017年12月には、競争力強化に向けて、連結子会社であるアスモとの事業統合を発表しました。大型から小型まで各種モーターを一体となって開発・生産する計画です。

●その他自動車：設備や子会社オリジナルブランド製品

●FA・新事業分野：FAや農業分野で生産性向上に貢献する

●中期経営方針：業界構造の変化を成長につなげる

　同社は、2030年長期方針とそれに向けた2025年長期構想を2017年10月に発表しました。電動化、自動運転に伴うモビリティの新領域で成長し、2025年度の売上高を7兆円、営業利益率を10％へ引き上げる方針です。

　電動化、自動運転、コネクティッド、非自動車事業が注力分野です。各製品の2016年度に対する売上高成長見通しは、電動化領域であるエレクトリフィケーションシステムが2.1倍、モーターが2.0倍、自動運転領域であるインフォメーション＆セーフティが1.6倍、それぞれに寄与する電子システムが1.9倍、非自動車分野が3.0倍とされています。

　将来成長に向けた研究開発や設備投資も積極的に行うとみられますが、株主還元についても長期安定的な配当に加え、資金状況や市場環境を考慮の上、機動的に自己株式を取得する方針です。

127

スタンレー電気 (6923)

● 一言紹介

　自動車用ランプが主力でLEDや照明など電子製品も手掛ける。売上高はホンダ向けが約4割を占め、トヨタやマツダ向けが増加傾向。単価の高いLEDヘッドランプの販売増加や生産性改善で業績は拡大中。2006年以降、毎年自社株買いを実施。

2016年度事業別セグメント

(単位：億円、%)

	売上高	構成比	営業利益	構成比	営業利益率
自動車機器事業	3,082	79	260	62	8.4
コンポーネンツ事業	287	7	67	16	23.2
電子応用製品事業	513	13	67	16	13.0
その他	3	0	▲0	▲0	▲1.4
調整額	-	-	29	7	-
合計	3,886	100	423	100	10.9

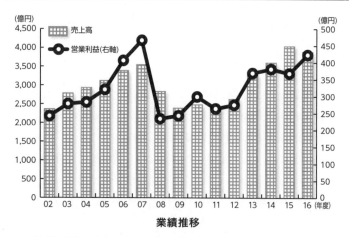

業績推移

● 決算説明会資料の会社HP上での開示：有

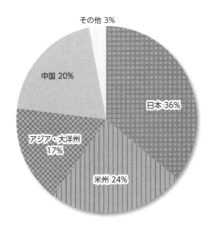

2016年度地域別売上高構成比

●製品・事業紹介

　自動車機器事業、コンポーネンツ事業、電子応用製品事業の3事業をグローバルに展開しています。

　顧客別構成比はホンダが約4割、トヨタ、マツダがそれぞれ約1割です。それ以外では、日産やGM、三菱、ヤマハ発動機と取引しています。LEDヘッドランプの販売増加により、トヨタやマツダ向けの売上高が伸びています。

●自動車機器事業：ヘッドランプのLED化が単価上昇につながる

　ヘッドランプ、リアランプなど四輪車用ランプが主力です。また、ホンダやヤマハ発動機を中心に二輪車用ランプも納入しています。ヘッドランプは、前方を明るく照らし、夜間走行の安全性に寄与する製品です。その光源は、白熱電球からハロゲン、HIDと進化し、近年ではLEDへと変化しています。LEDヘッ

ドランプは、より遠くをより明るく照らし、デザインの多様化も可能になるため付加価値が高く、業績拡大につながっています。同社は、LED ヘッドランプに関して光源からの一貫生産を強みとしています。

●コンポーネンツ事業：ヘッドランプの光源として LED が増加中

車載用、遊技用、照明用の各種 LED や電球が含まれます。ヘッドランプ用 LED は、組み立て後の完成品としては自動車機器事業に含まれますが、光源自体はコンポーネンツ事業に含まれます。そのため、LED ヘッドランプの販売増加に伴い、事業採算が改善傾向にあります。

●電子応用製品事業：照明分野では高付加価値品を提供

カーエアコンや OA 機器の操作パネル、カメラ用ストロボ、景観・演出用 LED 照明を手掛けます。同事業にも LED ヘッドランプの構成製品が含まれ事業採算が改善しています。照明分野では、港湾や高速道路で使用される LED 照明を手掛け、また、歌舞伎座やナイアガラの滝の照明として LED 灯光器が採用されるなど、ニッチな分野で高付加価値品を提供しています。

●中期経営計画：収益性や還元目標を掲げる

業績目標は開示していませんが、中長期の経営指標としてROE15％、配当性向20％、総還元性向35％を掲げています。2006 年から毎年自社株買いを実施しており、自動車部品企業のなかでは株主還元に積極的な企業です。

東海理化 (6995)

● 一言紹介

　トヨタ系部品メーカー。各種スイッチ、キーロック、シートベルト、シフトレバー、自動車用ミラーなどを手掛ける。売上高の約8割がトヨタグループ向け。その他ではスズキやSUBARU、フォード向けが増加傾向。

2016年度所在地別セグメント

(単位：億円、%)

	売上高	構成比	営業利益	構成比	営業利益率
日本	2,654	58	96	31	3.6
米国	1,104	24	70	23	6.4
アジア	1,123	24	116	38	10.4
その他	281	6	17	5	5.9
調整額	▲ 572	▲ 12	6	2	-
合計	4,591	100	305	100	6.6

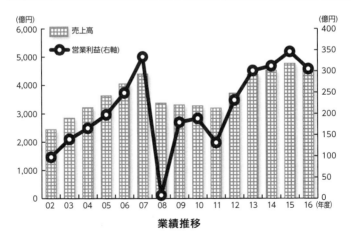

業績推移

● 決算説明会資料の会社HP上での開示：有

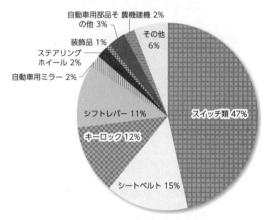

2016年度製品別売上高構成比

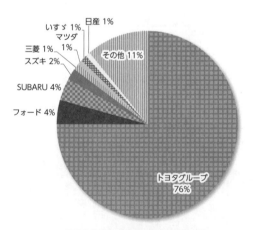

2016年度顧客別売上高構成比

第5章　主要銘柄を紹介

●製品・事業紹介

同社はクルマの乗員の意志を伝えるヒューマン・マシン・インターフェイス部品や、クルマを守るセキュリティ部品、安全性に貢献するセーフティ部品などの生産・販売を行っています。製品の多くは、クルマに乗車した際に直接目にしたり、触ったりすることができます。

売上高の約半分を占めるのが各種スイッチです。ハンドル部分に装着され、ウィンカーやワイパーなどを操作するレバーコンビネーションスイッチ、パワーウィンドウスイッチ、ヒーターコントロールスイッチなどです。

キーロックは、直接鍵穴に差し込むメカ式や、暗号化無線通信技術を応用して車両と通信することで作動するスマートキーなどがあり、各国市場や各メーカーのニーズに合わせて供給します。スマートキーは、両手がふさがっていてもドアのロックを解除できるため利便性が高く採用が広がっています。

また、各製品を制御するECUや車速センサーなど、各種エレクトロニクス製品も自社で生産しています。

●中期目標は非公表。品質向上の取り組みと次世代製品開発を強化

業績目標は単年度計画の公表のみです。成長への取り組みとしては、ものづくりを強化し、不良の発生や流出をなくすといった品質向上策を展開しています。また、ヒューマン・マシン・インターフェイス、セーフティ、セキュリティの各分野における次世代製品を開発中です。これらの製品は、自動運転化や電動化といった成長分野になります。一方で受注獲得に向けた競争も激しいため、同社の開発力やそのスピードが問われます。

133

武蔵精密工業(7220)

●一言紹介

ホンダ系の鍛造・精密加工メーカー。エンジンやトランスミッションに搭載されるカムシャフトや各種ギアが主力製品。二輪車事業が売上高の約3割を占める。2016年に欧州のHayグループを買収。手薄だった欧州メーカーへの拡販を進める方針。

2016年度所在地別セグメント

(単位：億円、%)

	売上高	構成比	営業利益	構成比	営業利益率
日本	272	15	21	19	7.9
北米	423	23	24	21	5.6
欧州	343	19	▲3	▲3	▲1.0
アジア	698	39	74	67	10.6
南米	70	4	▲7	▲6	▲10.4
調整額	-	-	3	3	-
合計	1,805	100	112	100	6.2

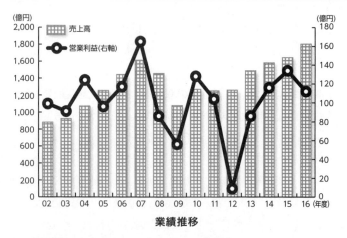

業績推移

●決算説明会資料の会社HP上での開示：有

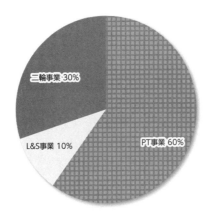

2016年度事業別売上高構成比

●製品・事業紹介

PT（パワートレイン）事業、L&S（リンケージ＆サスペンション）事業、二輪事業の3事業があり、売上高構成比は上記の通りです。

事業別の営業利益は開示されていませんが、採算は二輪事業が最も良く、PT事業、L&S事業の順と推測されます。二輪事業は、相対的に賃金水準の低い新興国を中心に展開され、少品種大量生産であることが高採算の背景です。PT事業は、自社開発製品の販売増加で付加価値が上昇し、採算が良化傾向にあります。一方、L&S事業で手掛けるボールジョイントは競合するメーカーも多く、同社製品のなかでは採算が低いとみています。

●PT事業：自社開発製品で付加価値を高める。Hayグループも寄与

PT事業では、四輪車向けにエンジンの吸排気バルブの開閉タイミングを制御するカムシャフト、トランスミッションギアやプ

135

ラネタリーギアとその組み立て、エンジンの力を適切な回転差で
左右の車輪に配分するために搭載されるデファレンシャルギアや
その組み立てを手掛けます。

　同社は、2016年6月にドイツの鍛造・機械加工メーカーで、フォ
ルクスワーゲンやダイムラーなど欧州メーカーを主要顧客とする
Hay グループを買収しました。これまでもパワートレイン製品
の拡販を進めてきましたが、更なる成長を遂げるためにはプレゼ
ンスの低い欧州における事業基盤を強化するとともに、事業や商
品のポートフォリオを拡大することが必要と判断したためです。

　同事業の売上高は、買収前である2015年度の847億円に対し、
下期から連結された2016年度には1,074億円へ増加しました。
中期的には、同社と Hay グループ共同での商品提案による販路
拡大や付加価値上昇といったシナジーが期待されます。

●L&S事業：タイヤと車体をつなぐボールジョイントを生産

●二輪事業：インドネシアの事業規模が大きい、インドも有望市場

　二輪事業では、主に二輪車に使用されるトランスミッションギ
アやカムシャフトを手掛けています。アセアンやブラジルなど新
興国を中心に事業を展開し、今後はインドが有望市場です。

●中期経営計画：2019年度目標は売上高2,500億円、営業利益率8%

　2017年度に開始した中計では、各種ギアの拡販や、コスト競
争力向上による自動車メーカーからのアウトソーシングの取り込
み、Hay グループの拡大およびシナジーによる成長を目指して
います。

日信工業(7230)

●一言紹介

ホンダ系二輪車・四輪車用ブレーキメーカー。二輪車用ブレーキ世界最大手。軽量化に貢献する四輪車用アルミ製品の販売を伸ばす方針。2015年度末に横滑り防止装置など四輪車用製品の一部をスウェーデンのオートリブ社との合弁会社へ譲渡。

2016年度所在地別セグメント

(単位:億円、%)

	売上高	構成比	営業利益	構成比	営業利益率
日本	260	16	22	18	8.6
北米	421	25	▲4	▲4	▲1.1
アジア	868	52	103	84	11.9
南米・欧州	120	7	1	1	1.0
調整額	-	-	0	0	-
合計	1,669	100	123	100	7.4

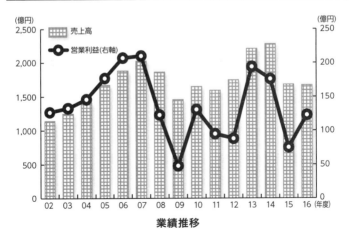

業績推移

●決算説明会資料の会社HP上での開示:有

よくわかる自動車部品セクター株 入門編

●二輪車用ブレーキ：世界最大手、高い収益性を維持

二輪車用部品として、ディスクブレーキやドラムブレーキ、レバーを握ることで油圧を作り出すブレーキマスターシリンダーやクラッチマスターシリンダーを手掛けます。また、アンチロックブレーキシステム（ABS）や前後輪連動ブレーキ（CBS）といった安全性に貢献する製品も供給しています。ホンダを中心にヤマハ発動機など世界の二輪車メーカーへ製品を供給しています。

中期的には、インドでの事業拡大が見込まれます。インドは世界最大の二輪車市場で、2016年の販売台数は1,768万台と全体の約3割を占めました。現在は低価格モデルが主体で、同社が得意とする油圧ブレーキの搭載比率は低くなっていますが、今後、安全性に関する規制の強化により、油圧化やCBSの搭載が進む見通しです。需要増大に向けて現地の生産能力を拡大する予定です。

●四輪車用ブレーキ：収益性改善が求められる

四輪車用部品には、ディスクブレーキやドラムブレーキに加え、電動パーキングブレーキなどが含まれます。曙ブレーキ工業など他社との競争が激しく、収益性が低いことが課題です。不採算ビジネスの縮小や採算改善策の推進により、利益率を上昇させる方針を掲げています。

●アルミ製品：四輪車の軽量化ニーズの高まりが成長機会

四輪車の足回りに搭載されるナックルやロアアームは、強度が必要な一方で軽量化のニーズもあります。同社は、双方を両立するアルミ製のナックルやロアアームを開発し、ホンダのみならずSUBARUへも供給を開始するなど、売上高を伸ばしています。

短期的には、北米で生産性が上がらないといった問題があります
が、中長期的には軽量化ニーズの高まりとともに受注が増える
可能性があります。

●合弁会社（オートリブ日信ブレーキシステム）へ事業譲渡

同社は、2015年度末に、横滑り防止装置やABS、回生協調
ブレーキシステムなどの四輪車用ブレーキ製品をスウェーデンの
オートリブ社との合弁会社へ譲渡しました。出資比率はオートリ
ブ社が51％、同社が49％です。同社の業績には持分法による投
資損益として反映され、税引前利益の変動要因となります。

今回の譲渡の狙いは、オートリブ社のグローバルでの顧客網や
リソースを活用し、主要顧客であるホンダ以外へ同社製品の販路
を拡大することにあります。オートリブ社は、エアバッグなど予
防安全製品だけでなく、高度運転支援システムや自動運転に関連
した事業も手掛けており、自動車メーカーに対してブレーキシス
テムも含めた一体での提案が可能になります。

実際に、2020年以降の受注拡大が示されており、中長期的な
売上高成長が見込まれます。2016年度は先行開発費用等がかさ
み持分法による投資損失を計上しましたが、今後の採算改善や利
益寄与の見通しが注目されます。

●中期経営計画：売上高1,830億円、営業利益率10％目標

2017年度からの3ヵ年中期経営計画では、二輪車事業におけ
る先進ブレーキ、四輪車事業でのアルミ軽量化技術への対応で成
長を目指しています。特に四輪車事業では不採算案件の減少など
採算改善を進める方針です。

曙ブレーキ工業 (7238)

● 一言紹介

　独立系ブレーキメーカー。GMや日産、トヨタ、フォードなど幅広く取引があり、自動車メーカー向けブレーキパッドの世界シェアは21％（同社調べ）。海外売上高比率は約7割に上る。北米の採算改善が課題。決算説明会資料などHPでの開示資料が充実。

2016年度所在地別セグメント

(単位：億円、%)

	売上高	構成比	営業利益	構成比	営業利益率
日本	809	30	41	98	5.1
北米	1,531	58	▲32	▲77	▲2.1
欧州	116	4	▲13	▲30	▲11.0
中国	200	8	26	61	12.9
タイ	66	2	4	10	6.5
インドネシア	163	6	14	33	8.5
調整額	▲224	▲8	2	5	-
合計	2,661	100	42	100	1.6

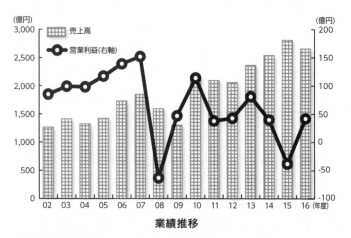

業績推移

● 決算説明会資料の会社HP上での開示：有

第5章 主要銘柄を紹介

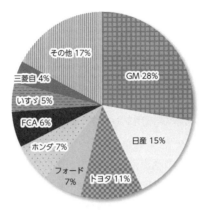

2016年度顧客別売上高構成比

●製品・事業紹介

　自動車、二輪車、鉄道車両、産業車両向けにブレーキを生産・販売するほか、各種センサーを手掛けています。2016年度の製品別売上高構成比は、ディスクブレーキが44％、ディスクブレーキパッドが20％、ドラムブレーキが9％、その他自動車部品が23％、鉄道車両用/産業機械用が4％でした。

●自動車用ブレーキ：パッド（摩擦材）のシェアが高い

　ディスクブレーキやドラムブレーキといった機構部品に加え、ディスクブレーキパッドなどの摩擦材も生産しています（24ページ参照）。ブレーキパッドの自動車メーカー向けシェアは日本で46％、世界で21％と高水準です（同社調べ）。

●二輪車用ブレーキ：インドネシアが中心

　ディスクブレーキやディスクブレーキパッド、マスターシリン

141

ダーを、ヤマハ発動機を中心に納入しています。二輪車の市場規模が大きいインドネシアでの生産量が多いと推測されます。ホンダとの取引は四輪車向けが中心で、二輪車向けではホンダ系部品メーカーの日信工業と競合するためシェアは低水準です。

●鉄道車両用 / 産業機械用ブレーキ：新幹線やフォークリフト向け

　鉄道車両用ブレーキは、新幹線やJR在来線、モノレールなどに採用されています。東海道新幹線には開業以来採用されており、50%以上のシェアを誇ります（同社調べ）。

　産業機械用ブレーキは、フォークリフト用ドラムブレーキのシェアが国内で70%、世界で30%と高水準です（同社調べ）。また、ラフテレーンクレーンやエレベーター用に製品を供給しています。

●各種センサー：用途は多岐にわたる

　自動車分野だけでなく、地表傾斜計測システムや車両挙動監視装置など社会の様々な分野で同社のセンサーが使われています。

●中期経営計画：売上至上から脱却し、持続的成長へ

　現在、2016〜2018年度の3ヵ年中期経営計画を実行中です。目標数値として、2018年度に売上高2,550億円、営業利益100億円を掲げています。北米事業の立て直しなどを推進し、健全な財務体質への回復を図ります。

タチエス (7239)

● **一言紹介**

独立系の自動車用シートメーカー。ホンダ、日産向けが主力。2017年3月にトヨタ系シートメーカーのトヨタ紡織との間で業務提携契約を締結、6月にはトヨタ紡織が出資。富士機工のシート事業も取得し、競争力強化を目指す。

2016年度所在地別セグメント

(単位：億円、%)

	売上高	構成比	営業利益	構成比	営業利益率
日本	1,287	46	28	31	2.2
北米	467	17	6	7	1.3
中南米	588	21	1	1	0.2
欧州	22	1	▲3	▲4	▲15.7
中国	436	15	58	65	13.2
東南アジア	26	1	▲0	▲1	▲1.9
調整額	–	–	▲0	▲0	–
合計	2,825	100	89	100	3.1

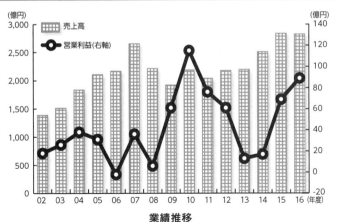

業績推移

● **決算説明会資料の会社HP上での開示：有**

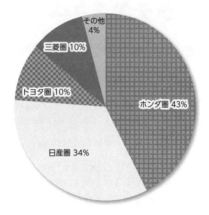

2016年度顧客別売上高構成比

●製品・事業紹介

　運転席や助手席、後部座席など自動車用シートを生産・販売しています。自動車用シートは製品のサイズが大きく輸送には向かないため、顧客の工場の近隣で生産する必要があります。同社は日本以外にも北米、中南米、欧州、中国、東南アジアに生産拠点を構えています。

●トヨタ紡織と業務提携、富士機工のシート事業を取得

　2017年3月30日にトヨタ系シートメーカーのトヨタ紡織と自動車用シート事業におけるグローバル市場での競争力強化を目的として、業務提携契約を締結しました。具体的には、①既存部品の相互供給、②新規部品の開発検討、③生産拠点・設備の相互活用、により競争力を高める方針です。

　2017年6月29日には、トヨタ紡織が同社株式152万1,000株（発行済み株式の4.17％）を約30億円で取得しました。今後、連

携を一層強化することが見込まれます。

　また、富士機工のシート事業を取得（2017年10月2日完了）し、シートフレームにおいて開発から生産まで一貫した対応を可能にしました。品質およびコスト競争力向上、一元管理によるスピードアップ、垂直統合による提案力アップが狙いです。

● **経営戦略：「Global Teamwork 2020」**

　2020年を目処に、「ビジョンGC（Global Challenge）177」の3目標を持続的に達成できる企業基盤の構築を目指しています。3目標とは、①品質No.1、②営業利益率7％、③世界生産シェア7％、です。新拠点設立によりグローバル事業展開を加速し、独立系の強みを活かした価値ある提案を続けることで、売上高の拡大を図ります。

NOK (7240)

● 一言紹介

　国内初のオイルシールメーカー。独立系で自動車用オイルシールの国内シェアは7割。安定して高収益を稼ぐ。スマートフォンを中心に納入するフレキシブルプリントサーキット(FPC)は世界トップシェアだが、業績の変動が大きい。

2016年度事業別セグメント

(単位:億円、%)

	売上高	構成比	営業利益	構成比	営業利益率
シール事業	3,106	44	371	93	12.0
電子部品事業	3,668	51	6	2	0.2
ロール事業	226	3	8	2	3.6
その他事業	132	2	11	3	8.4
調整額	–	–	1	0	–
合計	7,131	100	398	100	5.6

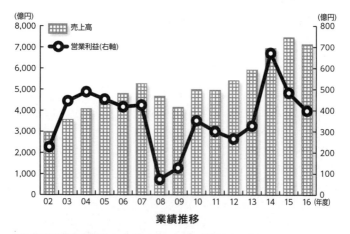

業績推移

● 決算説明会資料の会社HP上での開示：有

第5章　主要銘柄を紹介

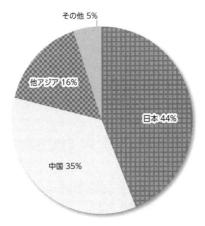

2016年度所在地別売上高構成比

●製品・事業紹介

同社の事業は、シール事業、電子部品事業、ロール事業、その他事業4つに分類されます。シール事業と電子部品事業が主力です。シール事業は主に自動車産業向けで、業績が安定的に推移しているのに対し、電子部品事業はスマートフォンやハードディスクドライブ（HDD）など需要変動の激しい製品向けが中心であるため、業績変動が大きいのが特徴です。

●シール事業：安定して高収益を生む同社の屋台骨

油漏れや外部からのほこりの侵入を防ぐオイルシール、Oリングなどの生産・販売を手掛けます。同社の製品は、自動車のエンジンやトランスミッションなど様々な部位に使われ、建設機械や農業機械、船舶向けにも製品を供給しています。

日本を中心に中国や東南アジアなどで事業を展開しています。

147

よくわかる自動車部品セクター株 ▶ 入門編

中国では、日系メーカーだけでなく中国民族系メーカーとも取引があります。高品質、高シェアを背景に収益性が高く、安定的に利益を稼ぐ事業です。

● 電子部品事業：顧客の製品販売動向で業績が変動する傾向

　柔軟性を持った回路基板であるフレキシブルプリントサーキット（FPC）の生産・販売を行います。FPC は非常に薄く、自由に曲げることができるため、スマートフォンや HDD といった電子機器内のわずかな隙間や屈曲部分に搭載することが可能です。そのため、電子機器の小型化とともに需要が拡大しています。

　業績は特に利益面での変動が大きく、その対策として、同社は生産ラインの自働化や効率化に取り組んでいます。また、近年では、トランスミッションやランプなど自動車向けにも FPC の用途が広がっています。シール事業でこれまで培った経験を活かすことにより自動車分野でも販売を伸ばし、事業採算の安定化につなげることが期待されます。

● ロール事業：OA 機器向け加圧ロールなどを子会社が担当

● その他事業：特殊潤滑剤の生産・販売を子会社が手掛ける

● 中期経営計画：営業利益 560 億円、営業利益率 7％目標

　2017 年度には新 3 ヵ年中期経営計画を開始しました。「持続性のある企業体質の構築」をスローガンに掲げ、成長を目指します。目標達成には、電子部品事業における顧客の多様化や採算改善策の進展が鍵になります。

フタバ産業(7241)

●一言紹介

　トヨタ系部品メーカーで売上高の約7割がトヨタグループ向け。2016年5月の第三者割当増資によりトヨタの出資比率が31%に。エキゾーストマニホールドやマフラーなど排気システム、ボディ・内外装部品、サスペンション部品を手掛ける。

2016年度所在地別セグメント

(単位:億円、%)

	売上高	構成比	営業利益	構成比	営業利益率
日本	2,368	57	27	30	1.1
北米	1,004	24	40	44	4.0
欧州	235	6	▲0	▲0	▲0.2
アジア	660	16	24	27	3.6
調整額	▲144	▲3	▲1	▲1	−
合計	4,124	100	90	100	2.2

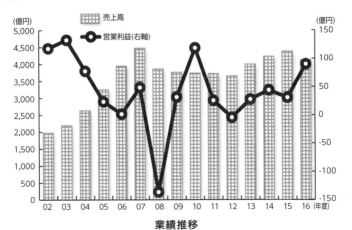

業績推移

●**決算説明会資料の会社HP上での開示:有**

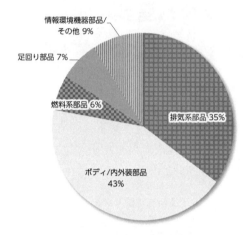

2016年度製品別売上高構成比

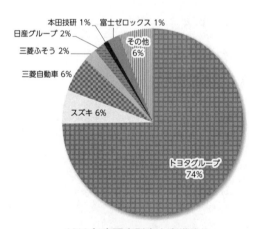

2016年度顧客別売上高構成比

第 5 章　主要銘柄を紹介

● 製品・事業紹介

　エキゾーストマニホールド、触媒、マフラーなどから構成される排気システムや、ボディピラーやルーフレールなどボディ骨格部品、ステアリングやインストルメントパネル、オーディオを支えるインパネリインホースなどの自動車部品が中心です。

　また、主に自動車メーカーで使用されるボディ組立溶接設備や各種金型、大容量給紙装置などオフィス機器部品も手掛けます。

● トヨタ向け第三者割当増資を実施、ホットスタンプを導入

　2016 年 5 月にトヨタに対して第三者割当増資を行いました。同社が手掛けるプレス製品は、燃費改善に向けた軽量化と乗員保護のための衝突安全性の両立が求められています。こうしたなかで、トヨタから従来の冷間プレスでの成形が困難な高強度材のプレス加工手法として、ホットプレス加工ラインの新規導入依頼を受けたことが背景です。

　増資により得られた資金（約 99 億円）を中心に 105 億円を投じて、2016 年 6 月から 2019 年 3 月の間に幸田工場およびカナダの関係会社でホットプレス加工ラインを導入する計画です。

● 中期経営計画：新たな成長ステージへ

　同社は 2016 〜 2020 年度までの新 5 ヵ年計画を 2016 年 5 月に策定しました。2020 年度に売上高を 4,400 億円、営業利益率を 3.5 ％とする計画です。排気系部品でのシステム開発力やボディ系部品も含めたグローバル展開力を強化するとともに、生産拠点の最適化を進める方針です。また、ホットスタンプなどの新技術も導入することで競争力を高めて収益改善を目指します。

151

市光工業(7244)

●一言紹介

自動車用ヘッドランプ、リアコンビネーションランプ国内3位。ドアミラーも手掛ける。トヨタや日産、SUBARUなどと取引。ヴァレオ社が2000年に出資、2017年に子会社化。統合経営戦略を推進し、受注拡大、採算改善を図る。

2016年度事業別セグメント

(単位:億円、%)

	売上高	構成比	営業利益	構成比	営業利益率
自動車部品	1,047	92	48	100	4.6
用品	72	6	▲0	▲1	▲0.5
その他	14	1	0	0	1.6
調整額	–	–	0	1	–
合計	1,132	100	48	100	4.2

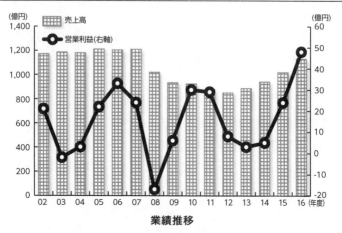

業績推移

●決算説明会資料の会社HP上での開示:有

第 5 章　主要銘柄を紹介

2016 年度拠点別業績

（単位：億円、%）

	売上高	構成比	営業利益	構成比	営業利益率
日本（市光工業）	875	77	38	79	4.3
海外　他	257	23	10	21	3.9
合計	1,132	100	48	100	4.2

● 製品・事業紹介

　ヘッドランプやリアコンビネーションランプ、ドアミラーの生産・販売を行う自動車部品事業が売上高、営業利益の大半を占めます。拠点別では、日本国内が中心ですが、アセアン地域や中国の採算が改善したことで海外の貢献度が高まりました。

　なお、同社は 2017 年度に決算期を従来の 3 月から 12 月に変更しました。そのため、2017 年度は 9 ヵ月決算となっています。

● 業績は回復傾向

　業績は、リーマンショック以降安定せず低採算でしたが、2015 年度からは回復傾向にあります。日本での受注獲得による売上高の増加や海外拠点の採算改善、低収益にとどまっていたミラーの立て直しがその背景です。

　ヴァレオ社出身のマネジメントのもと、自動車メーカーへの営業活動を強化し、生産性の改善にも取り組んでいます。今後、持続的に売上高を伸ばし、営業利益率を引き上げることができるかどうかが注目されます。

● 中期経営計画：受注シェア上昇、高付加価値化で成長へ

　同社は、2022 年度を最終年度とする中期経営計画を 2017 年12 月に発表しました。最終年度の目標は、売上高が 1,650 億円、

153

よくわかる自動車部品セクター株 入門編

営業利益率は 8% です。日本国内およびアセアンと中国における市場シェアの拡大を見込んでいます。国内外における生産および開発拠点の拡張と再構築により生産効率向上とコスト競争力強化を図ります。また、研究開発人員や機能の強化を進める方針です。ヴァレオ社とのシナジーの具現化や低コスト開発拠点の活用により、コスト競争力と製品開発力の両立を目指します。

　ヴァレオ社とのシナジーとしては、(1) 光源開発の共同推進や両社間の基盤技術の相互活用といった研究開発面、(2) 共同購買の加速によるコストダウン、(3) ヴァレオジャパン社と同社の経理機能統合など間接部門の合理化や IT 運用の共通化といった間接経費の効率化、が挙げられます。

大同メタル工業(7245)

● 一言紹介

自動車、船舶、建設機械、一般産業など様々な分野へすべり軸受を供給する独立系部品メーカー。顧客は多岐にわたる。世界シェアは、自動車用エンジン軸受で約3割、大型船舶用エンジン軸受で4割を超え、いずれも第1位(同社推定)。

2016年度事業別セグメント

(単位:億円、%)

	売上高	構成比	営業利益	構成比	営業利益率
自動車用エンジン軸受	594	70	69	136	11.7
自動車用エンジン以外軸受	128	15	27	54	21.5
非自動車用軸受	97	11	12	24	12.9
自動車用軸受以外部品	12	1	-3	▲6	▲22.7
その他	20	2	7	14	35.3
調整額	-	-	▲63	▲123	-
合計	851	100	51	100	6.0

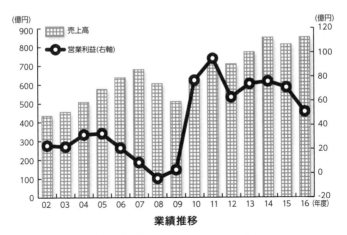

業績推移

● 決算説明会資料の会社HP上での開示:無

155

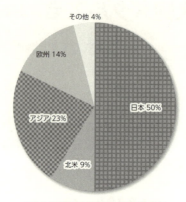

2016年度地域別売上高構成比

●製品・事業紹介

　事業は5つに分かれますが、自動車用エンジン軸受、自動車用エンジン以外軸受の2事業で売上高、営業利益（連結調整前）の8割を超えます。グローバルに事業を展開し、日本、北米、欧州、アジア、中国の5極において生産・販売体制を構築しています。

●自動車用エンジン軸受：世界シェアトップの製品群で稼ぎ頭

　2016年度に売上高の約7割、営業利益（連結調整前）約6割を占めた主力事業です。エンジン内のクランクシャフトやコンロッド、ピストンに装着され、エンジンの回転を支えます。国内外の自動車メーカーに採用されており、世界シェアは約3割（同社推定）でトップです。顧客の多様化により、特定顧客の影響を受けにくいのが特徴です。

●自動車用エンジン以外軸受：幅広く用いられる

　2016年度に売上高の1割強、営業利益（連結調整前）の2割

強を占めました。ショックアブソーバー用軸受、パワーステアリング用ポンプ軸受、ターボチャージャー用軸受、バランサー機構用軸受などを生産しています。

● 非自動車用軸受：大型船舶エンジン用で高シェア

2016年度の構成比は、売上高、営業利益（連結調整前）それぞれ約1割です。船舶用エンジン軸受、建設機械用エンジン軸受、水力発電用水車・発電用タービン・コンプレッサー・増減速機構軸受など幅広い用途があります。大型船舶エンジン用軸受の世界シェアは4割を超え、トップを誇ります。

● 自動車用軸受以外部品：買収した子会社が手掛ける

子会社化した飯野ホールディング、ATAキャスティングテクノロジージャパン（ACJ）が含まれます。飯野ホールディングは、曲げパイプやノックピンといった自動車用エンジンやトランスミッション周辺の高精度・高品質部品を手掛けています。ACJはタイにおいて自動車向けアルミダイカスト製品の生産・販売を行っています。

● その他：金属系無潤滑軸受事業、ポンプ関連製品事業など

● 中期経営計画：世界での存在感を高める

2012年度から2017年度までの中期経営計画「Together To The Top」を推進中です。2017年度を最終年度とする第2ステージでは、すべり軸受の全ての産業分野で世界トップシェアを実現することを目指しています。

プレス工業 (7246)

● 一言紹介

　トラック用シャシーフレームやアクスルの生産に加え、トラックの組み立てや建設機械用キャビンも手掛ける。日本が主体だが、タイや米国で自動車部品の売上高が拡大。いすゞを中心としたトラックメーカーや自動車メーカー、建機メーカーと取引。

2016年度事業別セグメント

(単位:億円、%)

	売上高	構成比	営業利益	構成比	営業利益率
自動車関連事業	1,621	87	114	132	7.0
建設機械関連事業	252	13	9	10	3.6
その他	22	1	0	0	0.2
調整額	▲29	▲2	▲37	▲42	-
合計	1,866	100	86	100	4.6

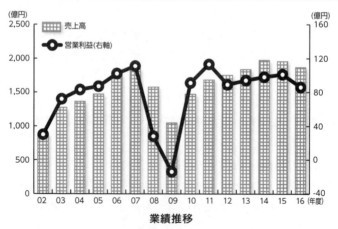

業績推移

● **決算説明会資料の会社HP上での開示:有**

第5章　主要銘柄を紹介

2016年度製品別、地域別売上高構成比

(単位：億円、%)

製品別	売上高	構成比
大型商用車用部品	585	31
小型車用部品	926	50
建設機械用部品	232	12
完成車組立	65	3
その他	58	3
合計	1,866	100

(単位：億円、%)

地域別	売上高	構成比
単独	1,023	55
国内関係会社	229	12
タイ	482	26
中国	39	2
インドネシア	17	1
米国	228	12
欧州	48	3
調整額	▲201	▲11
合計	1,866	100

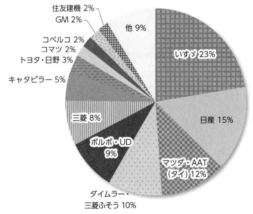

2016年度顧客別売上高構成比

●製品・事業紹介

　大・中・小型トラック向けシャシーフレームやアクスル、トラックの組み立てなどの自動車関連事業が売上高、営業利益の大半を稼ぎます。日本国内でのトラックの販売台数や海外への輸出台数、また、タイを中心としたピックアップトラックの販売台数が主な業績変動要因です。建設機械関連事業は日本や中国での建設機械メーカーの生産動向に左右されます。

よくわかる自動車部品セクター株 入門編

●シャシーフレーム：荷台の重量を支える

トラックの荷台の下にあり、積載された荷物を支えるトラックの骨格ともいえる部品です。主に鋼板をプレス成型した部品がはしご状に組み立てられます。フレームの全長は小型トラックで4m程度、大型トラックでは12mになるものもあります。

●アクスル：車軸、部品を組み込むケースも

自動車の車軸を指し、アクスルハウジングにデファレンシャルギア、アクスルシャフト、ブレーキを組み込んだ製品です。

●完成車組立：マツダより製造委託を受けた商用車の組み立て

●建設機械用キャビン：日本および中国で生産

建設機械を操作するオペレーターが乗車する部分を指します。各メーカーの特徴や用途に合わせた製品を供給しています。オペレーターの作業のしやすさや安全性に配慮が必要です。

●その他：自動車部品以外の製品も

自動車関連事業では樹脂部品やプレス部品に加え、金型の生産も行っています。また、立体駐車場装置なども手掛けています。

●中期経営計画：外部環境の変動が大きく、見通しが変化

現在、中期経営計画（2014〜2018年度）が進行中ですが、トラック需要、建設機械需要ともに策定時点に対して減少する見通しとなり、見直しが必要になっています。

太平洋工業 (7250)

●一言紹介

プレス・樹脂製品はトヨタを中心に納入、軽量化ニーズの高まりで採用部品が増加。創業製品であるバルブコア、タイヤバルブは高採算。国内市場をほぼ独占し、世界シェアは20%（同社調べ）に上る。TPMS（タイヤ空気圧監視システム）も手掛ける。

2016年度事業別セグメント

(単位：億円、%)

	売上高	構成比	営業利益	構成比	営業利益率
プレス・樹脂製品事業	709	68	25	29	3.6
バルブ製品事業	326	31	61	71	18.8
その他	2	0	0	0	11.0
調整額	-	-	▲0	▲0	-
合計	1,037	100	87	100	8.4

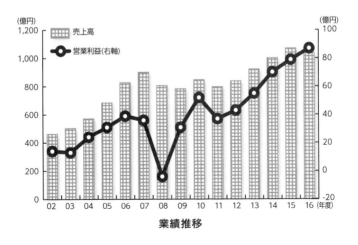

業績推移

●決算説明会資料の会社HP上での開示：有

よくわかる自動車部品セクター株🔰入門編

2016年度所在地別セグメント

(単位：億円、%)

	売上高	構成比	営業利益	構成比	営業利益率
日本	577	56	54	62	9.3
アジア	222	21	13	15	5.9
北米	238	23	18	21	7.5
調整額	–	–	2	2	–
合計	1,037	100	87	100	8.4

● 製品・事業紹介

　主力事業はプレス・樹脂製品事業、バルブ製品事業の2つです。市場のグローバル化に対応するため海外展開も進め、米国、中国、台湾、韓国、タイ、ベルギーの6ヵ国に進出しています。

● プレス・樹脂製品事業：ハイテン材やアルミ材で軽量化に貢献

　売上高の約7割、営業利益の約3割を占めます（2016年度）。トヨタを中心に自動車の骨格となる車体部品やヒンジ、バッテリーケースなどの機能部品を納入しています。また、ホイールキャップやエンジンカバーといった樹脂製品も手掛けます。海外での事業立ち上げ費用の減少や原価改善により2016年度の営業利益率は3.6％と2015年度の2.4％から上昇しました。

● バルブ製品事業：創業事業で高シェア、高採算を誇る

　2016年度の売上高構成比は約3割とプレス・樹脂製品事業より小さいですが、営業利益は約7割を占め、稼ぎ頭です。

　バルブコアは、タイヤへのスムーズな空気流入を可能にする一方、通常時は空気を漏らさない役割をします。タイヤバルブは、タイヤの空気注入口です。両製品は、創業以来80年以上の実績と信頼により国内外で幅広く採用されています。

TPMS（Tire Pressure Monitoring System：タイヤ空気圧監視システム）も生産しています。タイヤ内部に装着した送信機内のセンサーでタイヤ内の空気圧や温度を測定し、その情報を無線で車体側の受信機に送ることで、ドライバーに異常を知らせるシステムです。走行時の安全性の向上や燃費改善に貢献します。TPMS搭載の法制化は、2005年に米国で始まり、その後、欧州、韓国、台湾、ロシア、中近東と広がってきました。2019年1月には中国でも開始する予定です。

● **中期経営計画：新中計「OCEAN‐20」を策定**

同社は2018年度を最終年度とした中期経営計画「OCEAN‐18」を実行中でしたが、2017年度に売上高・経常利益目標達成の目処が付いたとして、2017年10月に新中期経営計画「OCEAN‐20」を発表しました。

2020年度の目標は、連結売上高1,400億円、連結営業利益率8％台、ROA（営業利益ベース）7％台です。新中計発表時点の2017年度会社計画（連結売上高1,100億円、連結営業利益率7.9％、ROA5.9％）を上回る成長を目指しています。

事業別の売上高目標は、プレス・樹脂製品事業が965億円（2016年度比36％増）、バルブ製品事業が430億円（同32％増）です。プレス・樹脂製品事業、バルブ製品事業ともに高成長を見込んでいます。

ケーヒン (7251)

● **一言紹介**

　ホンダ系部品メーカー。二輪車用電子燃料噴射システムやキャブレターで世界最大。四輪車用製品は、エンジン制御ECUやインジェクター、空調、電動車用制御システムなど。電動化技術の構築や、売上高の9割弱を占めるホンダ以外への拡販が成長の鍵。

2016年度所在地別セグメント

(単位：億円、%)

	売上高	構成比	営業利益	構成比	営業利益率
日本	1,369	42	35	15	2.5
米州	1,088	33	33	14	3.0
アジア	969	30	110	48	11.3
中国	739	23	59	26	8.0
調整額	▲910	▲28	▲6	▲3	-
合計	3,256	100	230	100	7.1

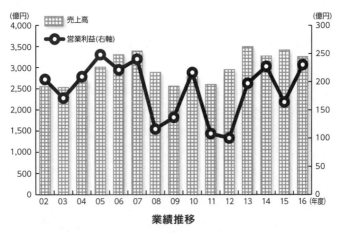

業績推移

● **決算説明会資料の会社HP上での開示：有**

第5章　主要銘柄を紹介

● 製品・事業紹介

　同社の製品は、二輪車・汎用製品、四輪車製品に区分されます。2016年度の売上高構成比は、二輪車・汎用製品が約3割、四輪車用製品が約7割です。製品別営業利益率の開示はありませんが、二輪車・汎用製品が四輪車製品に比べて高いと推測されます。二輪車事業の利益率が高いのは、労務費の安い新興国を中心に行われることや、少品種大量生産であることが主な要因です。

　1980年代から海外展開を進め、現在では米州、アジア、中国、欧州の各地で生産を行っており、海外売上高比率は8割を超えます。

● 二輪車・汎用製品：二輪車用電子燃料噴射装置で高シェア

　二輪車用電子燃料噴射装置（FIシステム）が中心です。具体的には、電子制御ユニット、インジェクター、燃料ポンプモジュール、スロットルボディを指します。新興国では、従来のキャブレターから環境規制に対応するFIシステムへの置き換えが進んでいます。

　同社は、インドで2020年から適用開始となる排出ガス規制に備えて、供給体制構築に向けた設備投資を行う計画です。現在は、ホンダやヒーロー、バジャージなど二輪車メーカー各社にキャブレターを納入し、同国で約7割のシェアを誇ります。FIシステムへの移行により、ボッシュ社などとの競争が生じますが、システムで提案できることや、インドネシアなど各地でFI化を進めてきた経験を活かし、高シェアの維持を目指します。

165

よくわかる自動車部品セクター株　入門編

● 四輪車製品：電動化対応が今後の課題

電子制御ユニットやインジェクター、インテークマニホールド、電子制御スロットルボディ、EGR バルブといったガソリン車用エンジンマネジメントシステム、カーエアコンを主力とし、天然ガス車用エンジンマネジメントシステムも手掛けています。

また、ホンダのハイブリッド車向けにパワーコントロールユニットを納入しています。今後は、クルマの電動化対応が必須となりますが、この分野での製品開発をいかに進めるかが課題となります。

● 中期経営計画：将来成長に向けた基盤を構築する方針

2017 年度から開始した第 13 次中期経営計画では、強化する領域として「エンジンシステムの上流化開発」、「次世代電動車技術の構築」、「デバイスの進化」、「徹底したコスト削減」を挙げています。

二輪車・汎用製品では、インドでの FI 化対応を進める計画です。四輪車用製品では、エンジンシステムにおいてこれまで自動車メーカーが担当していた領域まで開発を担うことにより、ホンダ向けビジネスの拡大や新規顧客への拡販を目指します。また、電動化対応では、パワーコントロールユニットやバッテリーマネジメントシステムにおける小型化、低コスト化に加え、熱マネジメントシステムの構築を行います。

計画達成に向け、3 年間で設備投資として 700 億円規模（前中計 3 ヵ年では 480 億円）、研究開発費として 670 億円規模（同 576 億円）を投じる予定です。

166

河西工業 (7256)

● 一言紹介

　ドアトリムなど自動車内装トリムシステム部品を手掛ける。インテリア空間全体をシステムとして捉え、総合的に快適性や安全性を追求し自動車メーカーへ提案する。日産グループ向けが売上高の6割強を占め、ホンダグループ向けが約2割と続く。

2016年度所在地別セグメント

(単位：億円、%)

	売上高	構成比	営業利益	構成比	営業利益率
日本	677	30	24	15	3.5
北米	1,017	46	59	37	5.8
アジア	384	17	67	42	17.5
欧州	147	7	13	8	8.8
調整額	–	–	▲4	▲2	
合計	2,225	100	159	100	7.1

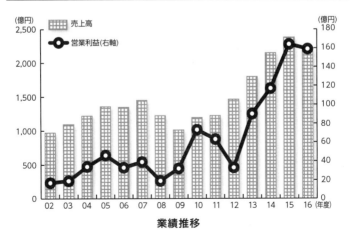

業績推移

● **決算説明会資料の会社 HP 上での開示：有**

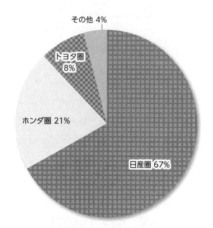

2016年度顧客別売上高構成比

●製品・事業紹介

　キャビントリム、ラゲッジトリム、防音部品、その他車体部品が主要製品群です。インテリア全体の企画から開発、生産までを一貫して行います。日本を始め、北米、欧州、アジアの各地に拠点を構え、自動車メーカーに納入しています。

　キャビントリムは、ドアトリム（ドアの内張り用パネル）、ヘッドライニング（室内の天井を覆うカバー）、サンバイザー（太陽光を遮断するための部品）、マップランプ（室内照明）、などが含まれます。ドアトリムは、側面衝突時の乗員の安全性や軽量化、加飾による付加価値向上が求められ、デザインも様々です。

　ラゲッジトリムは、ラゲッジサイドトリム（荷室の側面を覆うカバー）、トノカバー・トノボード（ラゲッジルームの目隠し）、トランクトリム（トランクルーム内のカバー）、フロアボード（ラゲッジルーム内の床面に配置する部品）などが含まれます。

第5章　主要銘柄を紹介

　防音部品では、エンジンやタイヤなどの静粛性が向上したことから、遮音性を高めるために防音性能の向上が求められています。また、その他車体部品として、エンジンの下側に装着され、飛び石などからエンジンルームを保護するエンジンアンダーカバーや、タイヤハウスの内側に装着されるフェンダーカバーを手掛けています。

●中期経営計画：収益レベルの維持・向上が優先課題

　2017年度は2015年度から始まる中期経営計画の最終年度ですが、中国や米国で成長が鈍化するなど事業環境が計画策定時に対し変化しており、達成が難しくなっています。同社は既存商圏だけでは成長が頭打ちであり、それを基礎とした更なる新規商圏獲得への挑戦が必要と考えています。また、2017〜2019年度の3ヵ年は、収益レベルを維持・向上させていくことが優先課題です。

　2017年度は、収益力強化、成長に向けた種まき・基盤作りに取り組んでおり、生産工程の効率化や天井部品の販売拡大、新規顧客の獲得が具体的な施策です。

169

アイシン精機 (7259)

● 一言紹介

トヨタ系大手部品メーカー。分社経営が特徴だが、グループ内再編を進め競争力を高める方針。世界シェアトップのオートマチックトランスミッションの増販が成長ドライバー。ブレーキ事業の採算改善や車体部品の拡販も業績拡大に寄与する見通し。

2016年度事業別セグメント

(単位：億円、%)

	売上高	構成比	営業利益	構成比	営業利益率
アイシン精機グループ	16,420	46	806	35	4.9
アイシン高丘グループ	2,731	8	123	5	4.5
アイシン・エィ・ダブリュグループ	14,311	40	1,229	54	8.6
アドヴィックスグループ	5,555	16	61	3	1.1
その他	2,031	6	56	2	2.8
調整額	▲5,421	▲15	11	0	－
合計	35,626	100	2,287	100	6.4

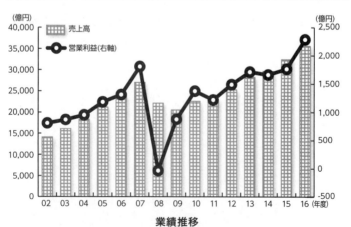

業績推移

● 決算説明会資料の会社HP上での開示：有

2016年度所在地別セグメント

(単位：億円、％)

	売上高	構成比	営業利益	構成比	営業利益率
日本	20,731	58	1,388	61	6.7
北米	5,680	16	225	10	4.0
欧州	3,099	9	45	2	1.5
中国	3,607	10	564	25	15.6
アジアその他	2,506	7	78	3	3.1
調整額	–	–	▲15	▲1	–
合計	35,626	100	2,287	100	6.4

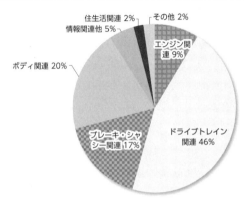

2016年度製品別売上高構成比

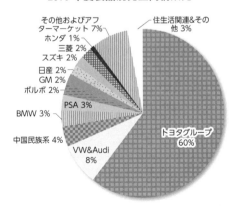

2016年度顧客別売上高構成比

よくわかる自動車部品セクター株 ▶ 入門編

● 製品・事業紹介

自動車部品が売上高の9割を超えます。それ以外では、ベッドや家庭用ミシン、オーディオなどがあります。

自動車部品は、可変バルブタイミングやインテークマニホールドなどの「エンジン関連」、オートマチックトランスミッション（AT）やマニュアルトランスミッション（MT）などが含まれる「ドライブトレイン関連」、「ブレーキ・シャシー関連」、サンルーフやパワースライドドアなどを手掛ける「ボディ関連」、駐車支援システムやカーナビゲーションなどの「情報関連」があり、クルマを構成するほぼすべての要素を手掛けています。

乗用車用ATはアイシン・エィ・ダブリュ、MTはアイシン・エーアイ、ブレーキ関連製品はアドヴィックス、エンジンや車体関係はアイシン精機、といったように製品ごとにグループ各社が生産・販売を行っている点が特徴です。

● AT が成長をけん引

連結子会社（出資比率は58%）のアイシン・エィ・ダブリュが生産・販売を行うATは、主要顧客であるトヨタ以外にも幅広く納入されている製品です。

2016年度のAT販売台数は869万台となり、前年度実績の738万台から大幅に伸びました。2011年度は565万台でしたので、過去5年間で1.5倍に増えています。2016年度の顧客別販売構成比は、トヨタグループ向けに4割、それ以外に6割でした。トヨタグループ以外への売上高構成比は、2011年度の約5割から上昇しています。

販売台数増加やトヨタグループ以外への拡販の一因として、中

第5章　主要銘柄を紹介

国市場でのマニュアル車からオートマ車への移行が挙げられます。中国市場では以前よりフォルクスワーゲン向けが伸びていましたが、近年では他の欧州メーカーや中国民族系メーカーへの販売も増加しています。同社は、今後も同様の傾向が続くと予想しています。

● **中期経営方針：既存製品の競争力強化と新製品開発を進める**

2017年10月に持続的成長に向けた競争力強化への取り組みについて説明しました。自動車業界を取り巻く事業環境が、電動化や自動運転、コネクティッドなどこれまでと大きく変化するなかで、グループ一体となって変化への対応力を高める方針です。

パワートレインにおいては、AT需要拡大への対応として生産能力の増強が発表されました。同社のAT生産台数は、2016年度の年間869万台から2020年度には1,250万台へ増加、世界シェアは16％から20％へ上昇する見通しです。また、電動化対応として、1モーターハイブリッド車用トランスミッションなど新製品を投入する計画です。

走行安全領域では、アドヴィックスが手掛ける回生協調ブレーキや制御ブレーキにおいて、電動化の拡大と自動緊急ブレーキの高度化に向けた進化を図ります。また、アイシングループのブレーキ関連会社を再編し、最適生産体制の構築や新製品開発における連携を強化することで、競争力を高めるとしています。

173

ショーワ (7274)

● 一言紹介

ホンダ系。四輪車用ショックアブソーバーやパワーステアリング、二輪車用ショックアブソーバーが主力。二輪車用ショックアブソーバーは世界シェアトップ。2016年度はガススプリングの不具合に伴う費用発生で営業赤字。2017年度から回復へ。

2016年度事業別セグメント

(単位：億円、%)

	売上高	構成比	営業利益	構成比	営業利益率
二輪・汎用事業	740	29	93	−	12.6
四輪事業	846	33	48	−	5.7
ステアリング事業	862	33	78	−	9.1
ガススプリング事業	35	1	▲257	−	▲742.0
その他	113	4	6	−	5.0
調整額	−	−	▲1	−	−
合計	2,595	100	▲33	−	▲1.3

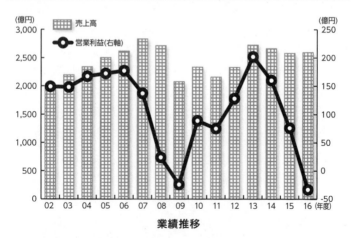

業績推移

● 決算説明会資料の会社HP上での開示：有

第 5 章　主要銘柄を紹介

●製品・事業紹介

同社の主力製品であるショックアブソーバーは、車両走行時に路面からの衝撃を和らげたり、振動を吸収したりする製品です。また、自動車の基本性能のひとつである「曲がる」を担うステアリングシステムの生産・販売も手掛けています。

事業区分は、二輪・汎用事業、四輪事業、ステアリング事業、ガススプリング事業、その他の 5 つです。グローバルに事業を展開しており、海外では北米、南米、欧州、アジアの各地に拠点を構えています。

●二輪・汎用事業：高採算で稼ぎ頭

二輪車用ショックアブソーバー、船外機用パワーチルトトリム、トリムシリンダの生産・販売を行います。二輪車用ショックアブソーバーは世界シェアトップの地位を守り、さらなる拡大を目指して幅広い商品ラインナップの維持、向上に努めています。2016 年度は売上高の約 3 割を占め、営業利益は各事業のなかで最大でした。

●四輪事業：ショックアブソーバーが主力

四輪車用ショックアブソーバー、プロペラシャフト、オートマチックトランスミッション部品、デファレンシャルギア、その他駆動系部品を手掛けています。2016 年度は、売上高の約 3 割を占め二輪・汎用事業やステアリング事業と同等の貢献がありますが、競争が激しいことなどから営業利益率は両事業に比べて低水準にとどまりました。

175

●ステアリング事業：新製品の貢献で、2016年度の売上高が増加

電動パワーステアリング、油圧パワーステアリング、CVT ポンプが含まれます。2016年度の売上高構成比は約3割、営業利益は二輪・汎用事業に次ぐ貢献がありました。

2015年に投入し、従来製品に対して燃費性能や操作性に優れた DPA-EPS® (デュアルピニオンアシスト電動パワーステアリング) がホンダの新型 CR-V に採用されたことが寄与しました。今後も適用車種の拡大を図ります。

●ガススプリング事業：2016年度は製品不具合で多額の費用が発生

ガススプリングは、自動車のボンネットやリアゲートといった開口可動部において、ガス反力により開閉のアシストおよび開放状態の保持を行う部品です。2016年度の売上高構成比は1%程度ですが、製品不具合に伴い製品補償引当金繰入額を計上したため、営業利益は257億円の損失となりました。

●その他：自動車販売など

●中期業績目標は非公表

中期的な業績目標は開示していません。グローバルサプライヤーとの競争を勝ち抜くため、電動パワーステアリングなど四輪車用製品の競争力強化が当面の課題と考えられます。

小糸製作所 (7276)

● 一言紹介

　世界最大級の自動車用ランプメーカー。トヨタを中心に日系、非日系メーカーへ各種ランプを供給。LED ヘッドランプで先行し、普及率上昇とともに業績が拡大。ADAS 搭載車や自動運転化に向けて高付加価値ランプの開発を推進。

2016年度所在地別セグメント

(単位：億円、％)

	売上高	構成比	営業利益	構成比	営業利益率
日本	4,976	59	441	48	8.9
北米	1,870	22	202	22	10.8
中国	2,225	26	149	16	6.7
アジア	895	11	84	9	9.4
欧州	324	4	36	4	11.1
その他	0	0	▲ 0	▲ 0	-
調整額	▲ 1,875	▲ 22	14	1	-
合計	8,415	100	925	100	11.0

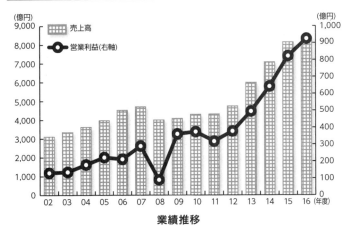

業績推移

● 決算説明会資料の会社 HP 上での開示：有

● 製品・事業紹介

ヘッドランプやリアランプなどの自動車用照明が事業の大半を占めます。それ以外では、航空機や船舶向けの照明のほか、連結子会社の KI ホールディングスが鉄道車両用モニターシステムや表示器を手掛けます。

主要顧客はトヨタで連結売上高の約 3 割を占めます。その他のメーカーでは、日産やホンダ、マツダといった日系メーカーに加え、フォードや GM など外資系メーカーとも取引があります。

ヘッドランプは、製品サイズが大きく遠距離輸送に不向きなため、基本的に自動車メーカーの工場と近い位置に生産拠点を構えます。同社もグローバル展開を進め、ここ数年は北米やタイ、中国で生産能力を増強し、需要拡大に対応してきました。

● 自動車用ランプは高機能化が進む

自動車用ヘッドランプには安全性、すなわち運転者の視認性向上のためにより遠くをより明るく照射することが求められます。それと同時に、燃費改善に向け消費電力の低減や小型軽量化が必要となります。このような要求に応えるため、ランプの光源がハロゲン電球から HID へと進化し、近年では LED が採用されるようになりました。また、光源が変わるにつれ、ヘッドランプの大型化やデザインの多様化が進み、付加価値が増しています。

同社は 2007 年に世界で初めて LED ヘッドランプを市場に投入し、レクサス LS600h に搭載されました。以降、LED の性能を改善し、トヨタプリウスなどへの採用が進みました。特に足元では、大衆車や軽自動車にも搭載されるなど置き換えが加速しています。自動車メーカーが各モデルの差別化のために外観デザイ

ンを重視する傾向が強まるなか、LEDヘッドランプが意匠性の向上につながることが要因と考えられます。

また、自動ブレーキなどADAS搭載車の普及もヘッドランプの高機能化に寄与しています。すなわち、各種センサーから得られる情報を利用し、ロービームとハイビームを自動で切り替えるなど新しい機能が付けられるようになりました。

●中期的にLEDヘッドランプの販売増加を見込む

同社のヘッドランプ販売数量におけるLEDヘッドランプの構成比は2016年度に約2割でした。デザイン多様化や省電力化へのニーズがより高まり、またADAS搭載車が普及することにより、2021年度には約6割へ上昇すると見込んでいます。こうした傾向は、ヘッドランプの1台当たり納入単価の上昇につながる見通しです。

●当面の中国戦略にも注目

2017年9月に中国子会社である上海小糸の保有株式全てを合弁先の華域汽車に譲渡しました。上海小糸は、上海フォルクスワーゲンや上海GM向け事業を手掛けていますが、譲渡により同社の中国における商圏は広州小糸など他拠点で手掛ける日系メーカー中心になります。そのため、中国で約2割あったシェアがいったん低下する見通しです。中期的に成長が見込まれる中国市場において、今後どのように事業展開を進めるかが注目されます。

エクセディ (7278)

●一言紹介

オートマチックトランスミッション用トルクコンバーター、マニュアルトランスミッション用クラッチなどの駆動系装置大手。建設機械や産業車両、二輪車用製品も手掛ける。アイシン精機やジヤトコ、トヨタ、現代など取引先は多数。

2016年度事業別セグメント

(単位:億円、%)

	売上高	構成比	営業利益	構成比	営業利益率
MT関連	682	26	105	48	15.4
AT関連	1,683	63	113	51	6.7
その他	295	11	7	3	2.4
調整額	-	-	▲4	▲2	-
合計	2,661	100	220	100	8.3

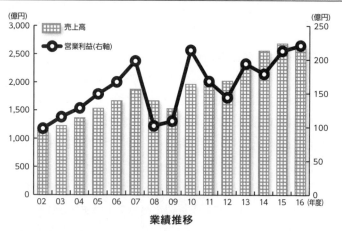

業績推移

●決算説明会資料の会社HP上での開示:無

(事業セグメント業績等をHPで開示)

第 5 章　主要銘柄を紹介

2016 年度所在地別セグメント

（単位：億円、%）

	売上高	構成比	営業利益	構成比	営業利益率
日本	1,267	48	114	52	9.0
北中米	510	19	29	13	5.7
アジア・オセアニア	823	31	72	33	8.7
その他	59	2	▲ 2	▲ 1	▲ 3.4
調整額	–	–	6	3	–
合計	2,661	100	220	100	8.3

● **製品・事業紹介**

　事業は AT（オートマチックトランスミッション）関連事業、MT（マニュアルトランスミッション）関連事業、その他に分かれます。トルクコンバーターやクラッチの生産・販売が中心です。

　日本だけでなく北米やヨーロッパ、アジアなど世界 25 ヵ国に拠点を構え、グローバルに事業を展開しています。

● **AT 関連事業：トルクコンバーターで世界シェアトップ**

　2016 年度は売上高全体の約 6 割を占め、営業利益率は 6.7％と堅調に推移しました。

　トルクコンバーターやクラッチパック、ペーパーディスクなどの AT 関連製品が含まれます。トルクコンバーターは、自動車メーカーや自動車部品メーカーへ幅広く納入しており、2015 年時点で世界シェアトップ（同社調べ）を誇ります。また、受注拡大に向けた生産能力増強を進めており、2016 年度には日本やメキシコで新規に生産ラインを構築しました。

● **MT 関連事業：高収益性を誇る**

　クラッチカバーやクラッチディスクを主体にモータースポーツ

181

用クラッチなども開発しています。2016年度の売上高構成比は
3割弱でした。一方、営業利益はAT関連事業とほぼ同等の貢献
があります。営業利益率は15.4％と高水準でした。補修用サー
ビス部品も手掛けており、安定的に高収益を稼ぐ事業です。

● その他：二輪車用クラッチの採算改善を目指す

　建設機械や産業車両用製品、二輪車用クラッチなどを手掛けま
す。AT関連事業、MT関連事業に対しては売上高、営業利益と
もに貢献度が低く、2016年度の営業利益率は2.4％にとどまり
ました。

　二輪車用クラッチは東南アジアやインドで事業を展開していま
す。競争が厳しく2016年度は低採算でしたが、コストダウン活
動によりインドの収益性改善を進める方針です。

● 経営方針：「Focus on Basis」がスローガン

　同社は「Focus on Basis：基本（原点）に戻ろう」をスローガン
に掲げ、グループ全体で現地・現物を確認し、業務の背景や目的
を理解した上で、業務に取り組む活動を進めています。その上で、
グローバル企業として成長し続けることを目指しています。

豊田合成 (7282)

● 一言紹介

　トヨタ系部品メーカー。内外装部品やエアバッグが主力。エアバッグはグローバルトップ3に向けてトヨタ以外への拡販を推し進める方針。LED事業は民生向けから車載向けへ転換を図るなど構造改革中。ヘッドランプ用LEDの販売拡大に注目。

2016年度事業別セグメント

(単位：億円、%)

	売上高	構成比	営業利益	構成比	営業利益率
自動車部品事業	7,370	98	463	114	6.3
ウェザーストリップ製品	1,344	18	-	-	-
機能部品	1,177	16	-	-	-
内外装部品	2,732	36	-	-	-
セーフティシステム製品	2,118	28	-	-	-
オプトエレクトロニクス事業	186	2	▲56	▲14	▲30.1
合計	7,556	100	407	100	5.4

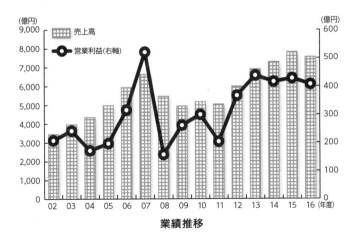

業績推移

● 決算説明会資料の会社HP上での開示：有

2016年度所在地別セグメント

(単位:億円、%)

	売上高	構成比	営業利益	構成比	営業利益率
日本	3,619	48	116	29	3.2
米州	2,301	30	197	48	8.6
豪亜	1,791	24	117	29	6.6
欧州・アフリカ	454	6	▲24	▲6	▲5.2
調整額	▲609	▲8	▲0	▲0	-
合計	7,556	100	407	100	5.4

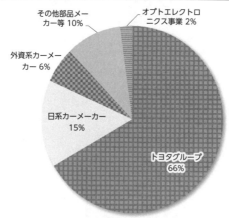

2016年度顧客別売上高構成比

●製品・事業紹介

自動車部品事業で売上高、営業利益のほとんどを稼ぎます。主要製品群は、ウェザーストリップ製品、機能部品、内外装部品、セーフティシステム製品に分類されます。オプトエレクトロニクス事業は売上高規模が縮小、営業利益も赤字と苦戦しており、構造改革を進めています。

●ウェザーストリップ製品:競争が激しい分野、採算向上が課題

ドアや窓の枠に装着し、車室内への雨風の侵入や騒音を防ぐた

めのゴム製品です。世界トップクラスのシェアを誇りますが、参入企業も多く同社の製品群では相対的に採算が低いとみられ、収益性向上が課題です。

●機能部品：軽量化に貢献する樹脂製品の販売が増加見通し

　燃料タンクモジュール構成部品やパワートレイン系、シャシー・ドライブトレイン系部品が含まれます。軽量化に貢献する樹脂製のフューエルフィラーパイプや、給油口のキャップを開閉することなく給油できるキャップレス給油口を新たに開発、供給を開始しており、今後の販売増加が見込まれます。

●内外装部品：意匠性向上やADASの普及が成長に寄与

　インストルメントパネルやコンソールボックスといった内装部品、ラジエータグリルなどの外装部品を手掛けます。近年、内外装部品においては、自動車メーカーから品質や意匠性の向上に対する要求が高まっています。同社は、ラジエータグリルで特色のあるデザインやめっき加飾により意匠性の向上を実現するなど、製品の付加価値向上につなげています。また、ミリ波レーダーに対応したエンブレムは、ADAS搭載車の普及とともに採用が進む見通しです。

●セーフティシステム製品：今後の成長をけん引する製品

　各種エアバッグやハンドルが中心です。同社は1989年に運転席エアバッグの量産を開始し、助手席、側面、後部座席に至るまで様々な種類のエアバッグを開発してきました。世界のエアバッグ市場は、先進国では安全性能向上に向けた新規製品の搭載、新

185

興国においては規制強化に伴う搭載点数増加により、拡大が見込まれます。世界最大手のオートリブ社や、ZF（TRW）社と並ぶグローバルトップ3を目指し、シェア獲得に向けた開発、生産体制を強化しています。

●オプトエレクトロニクス事業：採算改善に向け構造改革中

タブレットPCやスマートフォン、照明向けLEDを手掛けます。これらの分野では競争が激しく、2015年度に営業赤字となり、2016年度には赤字が拡大しました。収益低迷を受け、現在構造改革を推進中です。具体的には、LEDの量産工程を従来の国内3拠点から2017年12月時点で1拠点に集約し、人員は自動車部品部門へ配置転換する計画です。また、重点分野を車載LEDへシフトすることや高付加価値分野の開発を継続していく方針を示しています。

なお、同事業の規模縮小を受けて、2018年度より開示セグメントを事業別から地域別に変更する予定です。

●中期業績見通し：業界構造の変化を捉え、成長を目指す

2025年度に向けた中長期事業計画を策定中です。そのなかで、2020年度の見通しとして、売上高8,000億円、営業利益率7％、ROE10％を掲げています（為替前提は100円/ドル）。当面の重点施策として、エアバッグ市場でのシェア拡大やEVの普及を見据えた軽量化製品の開発加速、自動運転時代の到来に備えたコックピット回りの事業強化、採算が低迷するLED事業・欧州事業の立て直し、を挙げています。

愛三工業 (7283)

● 一言紹介

　トヨタ系。燃料ポンプモジュールなどの燃料系製品やスロットルボディといった吸排気系製品が主力。二輪車用部品も手掛ける。約5割がトヨタ向け。現代グループや日産・ルノー、ヤマハ発動機とも取引。システム化や動力源多様化への対応に重点。

2016年度所在地別セグメント

(単位:億円、%)

	売上高	構成比	営業利益	構成比	営業利益率
日本	816	40	7	8	0.8
アジア	732	36	60	74	8.3
米州	357	17	7	9	2.1
欧州	133	7	9	11	7.1
調整額	–	–	▲3	▲3	–
合計	2,038	100	82	100	4.0

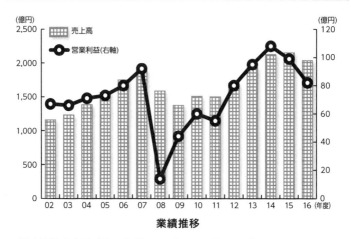

業績推移

● 決算説明会資料の会社HP上での開示：有

よくわかる自動車部品セクター株🚙入門編

●製品・事業紹介

　主要製品は、燃料系製品、吸排気系製品、排出ガス制御系製品、動弁系製品、その他に区分されます。生産拠点はグローバルで、日本以外では、米州、欧州、韓国、中国、アセアン、インドで各製品の生産・販売を行っています。

●燃料系製品：売上高の約4割（2016年度）を占める主力製品群

　燃料ポンプモジュール、インジェクターなどが含まれます。燃料ポンプモジュールは、ポンプ（燃料をエンジンに送り込む機能）、プレッシャレギュレーター（ポンプと燃料の圧力を保つ機能）、フィルター（燃料をろ過する機能）などの構成部品を組み立て、モジュール化し納入します。

●吸排気系製品：エンジンに搭載され、燃費改善に貢献

　エンジンに吸入される空気の量を調節するスロットルボディや、排出ガスを再循環させ燃費改善と排ガス浄化に寄与するEGRバルブなどが含まれます。売上高に占める割合は約3割（2016年度）で、同社の主力製品群のひとつです。

●排出ガス制御製品：キャニスタが燃料蒸発ガスの排出を防止

●動弁系製品：エンジンバルブがエンジン燃焼室の吸排気口を開閉

●その他：小型二輪車用FIシステムなど

　小型二輪車用FIシステムは、新興国での排出ガス規制強化に

より需要が拡大しています。同社は、燃料ポンプやそのモジュール、インジェクター、スロットルボディを手掛けます。インドで2020年から新排出ガス規制が導入される予定であり、同社はFI製品の生産体制を構築し、事業拡大を図るための新会社設立を2018年3月30日に発表しました。インドのフイエム社との合弁で、同社が69%を出資する予定です。

● **中期経営計画：2020年代初頭の達成を目指す**

同社は2018年度を最終年度とする中期経営計画を2015年8月に発表しました。業績目標は、売上高2,500億円、営業利益150億円、ROE10%でした。しかし、為替レートが計画策定時の前提である115円/ドルから円高になったことや、世界新車市場など外部環境の変化を踏まえ、目標達成時期が2020年代初頭にずれ込む見通しが2017年5月に示されました。

重点方策として以下の4点を掲げています。

①成長戦略：インド二輪車事業におけるFI製品の拡販や、現代向けビジネスでのグローバルでの採用拡大、アセアン市場の回復・成長・採用拡大。

②システム化への対応：燃料ポンプモジュールにコントローラーを一体化するなどの進化、キャニスタの進化とシステム化、FCVなどへの展開。

③コア商品の競争力強化：製品構造を変化させることでの原価低減、モーターやセンサーなど基幹制御部品の内製化。

④動力源多様化への対応：ハイブリッド車やEVなど多様化する動力源への対応。

日本精機 (7287)

● 一言紹介

車載用メーターが主力。世界シェアは四輪車用メーターが約1割、二輪車用メーターが4割弱を占める(同社調べ)。ヘッドアップディスプレイの販売が伸長。主要顧客はホンダで売上高構成比は約2割。GMやFCA、マツダ、BMWなど取引メーカーは多数。

2016年度事業別セグメント

(単位:億円、%)

	売上高	構成比	営業利益	構成比	営業利益率
四輪	1,478	61	78	45	5.3
二輪	353	15	47	27	13.3
汎用	70	3	13	8	18.6
民生機器	114	5	▲0	▲0	▲0.0
自動車販売	216	9	10	6	4.6
その他	170	7	26	15	15.3
合計	2,405	100	173	100	7.2

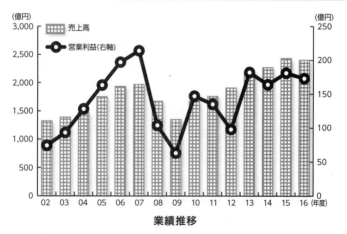

業績推移

● 決算説明会資料の会社HP上での開示:有

2016年度所在地別セグメント

(単位：億円、%)

	売上高	構成比	営業利益	構成比	営業利益率
日本	973	40	67	39	6.9
米国	590	25	41	24	6.9
欧州	213	9	7	4	3.3
アジア	628	26	57	33	9.1
合計	2,405	100	173	100	7.2

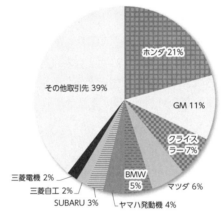

2016年度顧客別売上高構成比

●製品・事業紹介

　四輪車・二輪車用メーター、ヘッドアップディスプレイなど車載用計器の生産・販売を中心に、民生機器用製品も手掛けます（23ページ参照）。事業は、自動車及び汎用計器事業、民生機器事業、自動車販売事業、その他の4分野で、日本、米州、欧州、アジアの各地へ展開しています。

●自動車及び汎用計器事業：二輪車用・汎用が高採算

　四輪車用メーター、ヘッドアップディスプレイ、二輪車用メー

ター、汎用メーター、各種センサーを手掛けます。2016年度は
売上高、営業利益いずれも全体の約8割を占めました。四輪車
用計器、二輪車用計器、汎用計器の順に売上規模が大きい一方、
事業採算はその逆です。

同社はヘッドアップディスプレイの世界No.1メーカーです
（同社調べ）。ヘッドアップディスプレイとは、運転に必要な情報
をフロントガラス越しに表示し、ドライバーが前方視線のままで
様々な情報を得ることができる製品です。安全に貢献する技術と
して、今後更なる普及が見込まれます。競合他社も積極的に新製
品を投入してきており、同社が先行者メリットを活かして販売を
伸ばせるかどうかが注目されます。

● 民生機器事業：利益は低迷

OA・情報機器操作パネルや空調・住設機器コントローラーな
どが含まれます。2016年度の売上高構成比は約5%でした。営
業利益は若干の赤字で、採算改善が求められます。

● 自動車販売事業：ホンダやマツダ、スズキの新車ディーラー など

● その他：貨物運送やソフトウエアの開発販売など

● 中期経営計画：次世代コックピットを見据えた技術を進化

同社は経営ビジョンとして「NEMS433」を掲げています。
NEMSはNS（日本精機）型EMSを意味します。保有技術の組
み合わせと摺合せ技術により、顧客ニーズを製品化する「つなげ

る」ビジネスで持続的成長を図ります。末尾の433は、「4つの大切」、「3つの価値」、および「売上高3,000億円、営業利益300億円の3」を示します。

2017年度に売上高2,700億円を目指す中期経営計画に対しては、車載計器事業で達成（目標は1,900億円）が見込まれる一方、それ以外は未達となる見通しです。

今後、自動運転、コネクティッドといった機能の高度化やメガサプライヤーの台頭といった事業環境の変化に対応するため、ヘッドアップディスプレイを進化させるなど次世代コックピットを見据えた技術を深めることで成長を目指します。

ヨロズ (7294)

●一言紹介

自動車用足回り部品であるサスペンションメーカー。7割弱が日産グループ向けで、ホンダグループ向けも約2割。ダイムラーからも新規受注を獲得。2015〜2017年度の連結配当性向目標は35%。2016年度には自社株買いも実施。

2016年度所在地別セグメント

(単位:億円、%)

	売上高	構成比	営業利益	構成比	営業利益率
日本	571	34	43	67	7.4
米国	780	47	▲19	▲29	▲2.4
アジア	522	31	35	56	6.8
調整額	▲196	▲12	4	6	-
合計	1,677	100	63	100	3.8

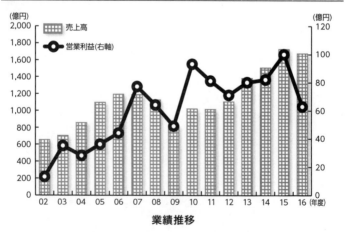

業績推移

●決算説明会資料の会社HP上での開示:有

第 5 章　主要銘柄を紹介

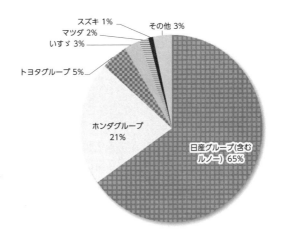

2016年度顧客別売上高構成比

● 製品・事業紹介

　フロントサスペンションメンバーやリアサスペンションメンバー、リンク、ロッド類、ブレーキペダル、オイルパンなどを生産、販売しています。フロントサスペンションメンバーには、エンジンやステアリングギアボックスなどが取り付けられます。

　サスペンションは、路面からの衝撃を車体や乗員に伝えないように保護すると同時に、自動車の操縦性と安全性を保つ重要な部品です。

　生産面では、グローバルネットワークの拡充を進めています。日本の他に米州、中国、アジアに工場を構え、海外売上高比率は約 7 割に上ります。また、欧州にも事務所を設立し、販路拡大に向け営業活動を推進する方針です。

よくわかる自動車部品セクター株✓入門編

●中期経営計画：計画策定時から環境が変化

10年後のありたい姿を示す長期ビジョンとその実現に向けた3ヵ年中期経営計画を2015年3月に公表しました。

長期ビジョンでは、サスペンションシステムメーカーを目指し、モジュール製品の納入拡大を図ります。また、業績目標として、売上高3,000億円、営業利益率7％以上を掲げています。

2015〜2017年度は長期ビジョン達成に向けた最初の3ヵ年となり、2017年度の目標は売上高1,800億円、営業利益率6％と設定されました。しかし、その後米国での採算悪化や円高、新興国での生産台数の伸び悩みにより、2016年度の営業利益率は3.8％にとどまりました。

エフ・シー・シー (7296)

● 一言紹介

　ホンダ系の二輪車用・四輪車用クラッチメーカー。二輪車用クラッチは世界シェア No.1。ホンダグループ向け売上高が5割。近年は、四輪車用クラッチでフォードなどホンダグループ以外の顧客への販売が伸長。

2016年度事業別セグメント

（単位：億円、%）

	売上高	構成比	営業利益	構成比	営業利益率
二輪車用クラッチ	733	47	83	74	11.4
四輪車用クラッチ	839	53	29	26	3.5
合計	1,572	100	112	100	7.1

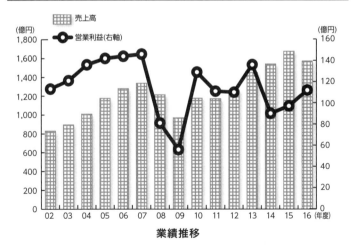

業績推移

● **決算説明会資料の会社HP上での開示：有**

2016年度所在地別売上高構成比

(単位：億円、%)

	売上高	構成比	営業利益	構成比	営業利益率
日本	232	15	3	2	1.1
米国	584	37	10	9	1.8
アジア	721	46	90	80	12.5
その他	36	2	▲0	▲0	▲1.2
調整額	-	-	10	8	-
合計	1,572	100	112	100	7.1

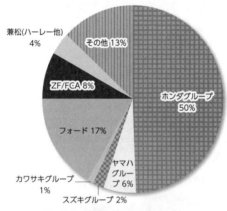

2016年度顧客別売上高構成比

●製品・事業紹介

クラッチとは、発進、停止、変速時にエンジンの力をトランスミッション（変速機）に伝えたり遮断したりする動力伝達装置です。同社は、摩擦材の開発からクラッチの組み立てまでを一貫生産するメーカーとして、日本だけでなく海外10ヵ国へ進出し、グローバルで生産体制を整えています。事業は二輪車用クラッチ、四輪車用クラッチに分かれます。

第5章　主要銘柄を紹介

● 二輪車用クラッチ事業：新興国を中心に利益を稼ぐ

　売上高は全体の5割未満ですが、営業利益への貢献は7割を超えます（2016年度）。スクーターなどの小排気量向けから2,000ccを超える大排気量向けまで製品ラインナップは豊富です。事業展開は、タイやインドネシア、ベトナム、インドなど新興国が中心です。こうした地域では、二輪車の販売台数が多く、先進国に比べて賃金が安いことに加え、同社が高シェアを有するため営業利益率が高いことが特徴です。

● 四輪車用クラッチ事業：ホンダ以外の顧客への販売が伸びる

　マニュアルトランスミッション、オートマチックトランスミッション、CVT（無段変速機）用クラッチを生産、供給しています。

　主要顧客であるホンダグループ以外への売上高が増えていることが特徴です。特に、米国でフォードやFCAからの受注が伸びています。自動車メーカーからの品質、コスト、納期といった要求に的確に応え信頼を得たことが、受注拡大の一因です。自動車メーカーでも自社工場での生産から外注への切り替えが進んでいます。一方で、販売増加に伴う生産能力増強などの費用が重く、営業利益率が伸び悩んでいる点が課題です。

● 中期経営計画：真のグローバル企業へ

　2017年度に第10次中期経営計画が開始、最終年度である2019年度の目標は、売上高1,850億円、営業利益155億円、ROE8.3％、配当性向30.0％です。開発力、現場力を強化し、圧倒的な競争力を持つ企業体質の構築を目指します。

199

テイ・エス テック (7313)

● 一言紹介

ホンダ系の四輪車用シートを中心とした内装品メーカー。ホンダ車の約6割が同社製シートを搭載（同社調べ）。ドアトリムや二輪車用シート、医療用チェアも手掛ける。様々な部署から若手社員を集めた研究会「座ラボ」で「座る」を研究。

2016年度所在地別セグメント

(単位：億円、%)

	売上高	構成比	営業利益	構成比	営業利益率
日本	918	22	73	21	8.0
米州	2,130	50	124	36	5.8
中国	950	22	164	48	17.3
アジア・欧州	598	14	33	10	5.5
調整額	▲339	▲8	▲49	▲14	–
合計	4,258	100	346	100	8.1

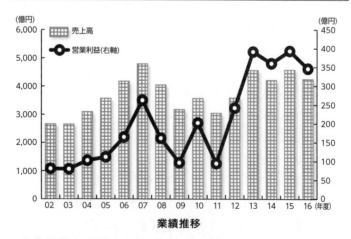

業績推移

● 決算説明会資料の会社HP上での開示：有

第5章　主要銘柄を紹介

● **製品・事業紹介**

　フロントシート、ミッドシート、リアシートといった四輪車用シートが売上高の8割強を占めます。また、四輪車用ではドアトリムなどの内装品も手掛け、売上高に占める割合は1割強です。二輪車用製品や医療用チェアも生産、販売していますが、売上高に占める割合はわずかです。

　シートは製品のサイズが大きいため輸送には不向きです。そのため、自動車メーカーの工場の近隣に生産拠点を構える必要があります。同社は、日本を含めて14ヵ国へ進出し、各顧客へ製品を供給しています。

● **顧客構造：ホンダ依存度の低下がみられるかが注目される**

　主要顧客であるホンダ向け売上高構成比は約9割です。現在、同社の四輪車用シートは世界のホンダ車の約6割に搭載されています。一方で、約4割は同社の技術支援先かもしくは競合他社

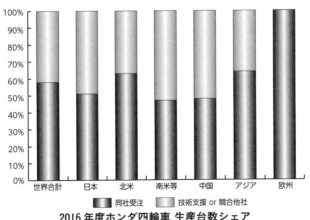

2016年度ホンダ四輪車 生産台数シェア

201

よくわかる自動車部品セクター株 入門編

の製品が採用されています。地域別では、北米やアジア、欧州でシェアが高い一方、日本や中国、南米等で5割前後にとどまっています。製品競争力を高めてシェアを引き上げられるかどうかが中期的な課題と言えます。

ホンダ以外の顧客では、スズキやマツダ、ダイハツ、ヤマハ発動機へ供給しています。また、外資系メーカーではフォルクスワーゲンやハーレーダビッドソンと取引があります。今後も新規顧客の開拓を継続的に行う方針です。

●中期経営計画：ESG経営の基盤構築、数値目標は開示せず

2017年度から3ヵ年の中期経営計画が開始しました。ESG経営の基盤構築を経営方針として掲げ、①継続的な事業成長、②ダイバーシティマネジメントの実践、③社会環境との共生、を重点施策として挙げています。

新中期経営計画の発表時点では、数値目標は明らかにされませんでした。世界の新車市場など外部環境が不透明であることが一因です。

ニフコ (7988)

● 一言紹介

　自動車用ファスナー、カップホルダー、燃料系部品など各種プラスチック製品を手掛ける独立系メーカー。顧客ニーズに応える提案型営業が強み。クルマの軽量化に貢献する製品の搭載が広がり、1台当たりの納入単価が上昇傾向。

2016年度事業別セグメント

(単位：億円、%)

	売上高	構成比	営業利益	構成比	営業利益率
合成樹脂成形品事業	2,333	90	323	108	13.9
ベッド及び家具事業	236	9	36	12	15.1
その他	26	1	0	0	0.3
調整額	–	–	▲61	▲20	–
合計	2,594	100	298	100	11.5

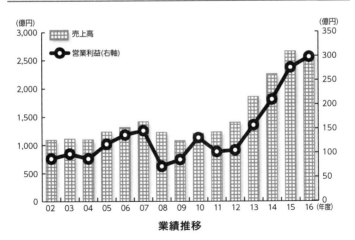

業績推移

● 決算説明会資料の会社HP上での開示：有

●製品・事業紹介

　合成樹脂成型品事業、ベッド及び家具事業、その他の３つに分類されます。合成樹脂成型品事業が売上高、営業利益の大半を占めます。

●合成樹脂成形品事業：提案型営業で収益性が高い

　同社は、自動車の外装、内装、エンジン、燃料向けにファスナーなどのプラスチック製品を納入し、クルマの軽量化に貢献しています。自動車メーカーの系列に属さない独立系であるため、トヨタ、日産、ホンダなどの日系メーカーだけでなく、現代・起亜やフォルクスワーゲン、BMW など幅広く取引があることが特徴です。

　創業当時から手掛ける外装に関わる領域が中心ですが、内装関連製品の販売も伸びています。カップホルダーやコンソールといった車室内での快適性向上に対応する様々な商品を提案し、受注を獲得しているという背景があります。これらは、製品の大型化に伴う１台当たり納入単価上昇につながるだけでなく、消費者にとってもクルマの魅力向上につながるため、付加価値が認められる製品と言えます。ニーズに対応する、もしくはニーズを発掘する製品の提案を継続的に行うことで、高採算を維持しています。

●ベッド及び家具事業：ブランド価値を活かした高採算事業

　1996 年からシモンズブランドのベッドやマットレスを日本およびアジアで展開しています。日本ではホテル向けに売上高が伸びています。

●その他：2017年度から規模が縮小

ジャパンタイムズの新聞および出版事業が中心でしたが、2017年度の第1四半期に全株式を譲渡したため、事業規模が縮小し、全体に与える影響は軽微です。

●中期経営計画：「Nifco Innovation Plan 2020」

2015年度から中期経営計画「NIP2020」を開始しました。最終年度である2020年度の目標は、売上高3,300億円、営業利益380億円です。2014年度実績（売上高2,254億円、営業利益210億円）に対して、売上高を約5割、営業利益を約8割伸ばす計画です。以下の4つの視点から事業を推進する方針です。

①既存技術をコアとした新たな商品群の開発・投入による一層の成長

②成長著しい海外市場における一層の収益向上

③積極的かつ効率・リターンを重視した投資によるフリーキャッシュフローの増加

④成長に伴う経営基盤の確立

カルソニックカンセイ (非上場)

●一言紹介

内装や空調、電子など様々な部品を手掛ける。2016年度に日産が保有する全株式を米投資ファンドのKKRに売却。2017年5月8日で上場廃止。KKRのもと新製品開発や顧客拡大を進め、独立系メーカーへの転換を図る。

2015年度所在地別セグメント[※]

(単位:億円、%)

	売上高	構成比	営業利益	構成比	営業利益率
日本	3,449	33	64	17	1.9
米州	4,262	40	160	42	3.7
欧州	1,262	12	12	3	0.9
アジア	2,223	21	148	39	6.7
調整額	▲ 663	▲ 6	▲ 1	▲ 0	-
合計	10,533	100	382	100	3.6

注:※2016年度より非公開。

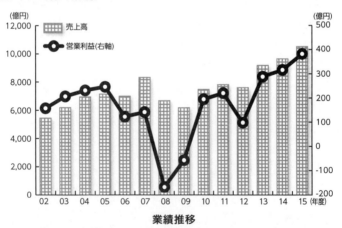

業績推移

● 決算説明会資料の会社HP上での開示:有(上場時)

第5章 主要銘柄を紹介

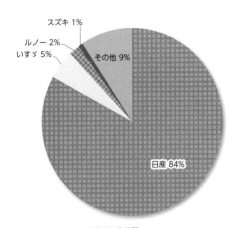

注：※2016年度より非公開。
2015年度顧客別売上高構成比※

● **製品・事業紹介**

　製品は、CPM（コックピットモジュール）・内装製品、電子製品、排気製品、空調製品、熱交換器製品、コンプレッサー製品と多岐にわたります。世界15ヵ国に展開し、日産を始め、いすゞ、スズキ、ルノー、三菱自動車、SUBARU、マツダなどの自動車メーカーと取引があります。

● **業界再編の一例**

　これまでは、日産が41％を出資する親会社でしたが、KKRへの株式売却により日産系サプライヤーから独立系サプライヤーへ変貌を遂げようとしています。売上高全体の約8割を占める日産以外の顧客への販路拡大を目指し、商品力の向上を進める方針です。自動車業界では、競争力強化や生き残りのために世界的な再編が起こっていますが、その一例となります。

● 中期経営計画：顧客の多様化、新製品の開発を進める

2021年度までの中期経営計画「Compass2021」が2017年9月に公表されました。「日産一極依存から多様な顧客層へ拡販」、「革新的な新技術による魅力的な製品の開発」、「ダントツ・モノづくり」を成長戦略として掲げています。数値目標は、付加価値売上高（自動車メーカーによる指定・支給部品を除いた売上高）を7,500億円とし、2016年度の6,000億円から引き上げる計画です。

今後、自動運転や電動化、コネクティビティなどクルマが進化するなかで、どのような製品を開発し市場投入するかは、他の自動車部品メーカーの競争環境をみる上でも注目されます。

横浜ゴム (5101)

● 一言紹介

タイヤ国内第3位。売上高の約8割がタイヤ事業。ホース配管や工業資材、航空部品、ゴルフ用品も手掛ける。2016年7月に農業機械や産業機械用タイヤを生産・販売するオランダのアライアンスタイヤグループ (ATG) を買収。業容拡大を図る。

2017年度事業別セグメント

(単位:億円、%)

	売上高	構成比	営業利益	構成比	営業利益率
タイヤ	4,816	72	401	77	8.3
MB	1,142	17	77	15	6.7
ATG	634	9	32	6	5.0
その他	88	1	11	2	12.4
調整額	–	–	▲1	▲0	–
合計	6,680	100	519	100	7.8

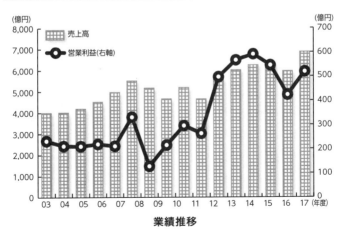

業績推移

● 決算説明会資料の会社HP上での開示:有

よくわかる自動車部品セクター株 入門編

2017 年度所在地別セグメント

(単位：億円、%)

	売上高	構成比	営業利益	構成比	営業利益率
日本	3,300	49	245	47	7.4
北米	1,455	22	63	12	4.4
アジア	800	12	153	29	19.2
ATG	634	9	32	6	5.0
その他	491	7	31	6	6.3
合計	6,680	100	519	100	7.8

●製品・事業紹介

同社の事業は、タイヤ、MB、ATG、その他の 4 つに分かれ、2016 年に買収した ATG は独立したセグメントとして報告しています。

●タイヤ：乗用車用タイヤが中心

同社の主力事業です。乗用車用、トラック・バス用、ライトトラック用、建設車両用などの各種タイヤの生産・販売を行います。乗用車用タイヤでは、主力ブランドの ADVAN、低燃費タイヤの BluEarth、冬用タイヤの iceGUARD、SUV 用タイヤの GEOLANDAR を世界で展開しています。

●MB：タイヤで培った技術を基に各種ゴム製品等を展開

MB とは Multiple Business の略で、具体的には自動車や建設機械、工作機器向けの高圧ホースなどのホース配管、マリンホースなどの工業資材、各種シーリング材および接着剤のハマタイト、航空機向け化粧室ユニットなどの航空部品が含まれます。2017 年度の同事業に占める各製品の割合は、ホース配管が 4 割弱、工業資材、ハマタイトがそれぞれ 2 割強、航空部品が 1 割強で

210

第5章　主要銘柄を紹介

した。

●ATG：高成長市場の取り込みを図る

オランダで農業機械や産業機械、建設機械、林業向けにタイヤの生産・販売を行う ATG を 2016 年 7 月に買収しました。中期経営計画達成に向けて、事業規模拡大、ポートフォリオ改善、安定的事業の確保を図るためです。

ATG はインド、イスラエルで生産した各種タイヤを、欧米を中心に世界 120 ヵ国以上で販売しています。今後、成長が見込まれる世界の農機市場の取り込み、収益性の高い ATG（2015 年度の営業利益率が 18.0％）の寄与、トラック・バス用など生産財タイヤの貢献度上昇を同社は見込んでいます。

●その他：ゴルフクラブ、情報処理サービス、不動産賃貸等

●中期経営計画：2018 年度から「GD2020」をスタート

2017 年度の創業 100 周年に向けて、2006 年度から推進してきた中期経営計画「グランドデザイン（GD）100」の期間は、成長基調で推移したものの当初目標には届きませんでした。2018 年度は 2020 年度に向けた新中計の初年度にあたります。同社の強みを再定義し、独自路線を強化した成長戦略を通じて経営基盤を強化する方針です。最終年度の主な財務目標は、売上収益 7,000 億円、営業利益 700 億円、ROE10％ です。

東洋ゴム工業 (5105)

● 一言紹介

　国内第4位のタイヤメーカー。SUVやピックアップトラック向けの大口径タイヤに強みを持ちニッチな領域を攻める。米国では旺盛な需要に対応するため生産能力を増強中。ダイバーテック事業では事業再編を推進。免震ゴム問題への対応も進める。

2017年度事業別セグメント

(単位：億円、%)

	売上高	構成比	営業利益	構成比	営業利益率
タイヤ事業	3,271	81	460	102	14.1
ダイバーテック事業	779	19	-9	▲2	-
その他	2	0	2	0	74.4
調整額	▲2	▲0	▲0	▲0	-
合計	4,050	100	453	100	11.2

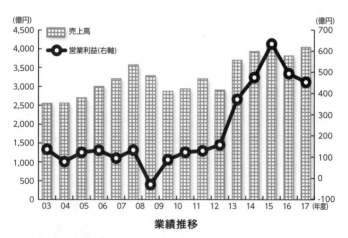

業績推移

● 決算説明会資料の会社HP上での開示：有

第5章　主要銘柄を紹介

2017年度所在地別セグメント

（単位：億円、％）

	売上高	構成比	営業利益	構成比	営業利益率
日本	1,466	36	319	70	21.8
米国	1,863	46	87	19	4.6
アジア	721	18	49	11	6.8
調整額	–	–	▲ 2	–	–
合計	4,050	100	453	100	11.2

● 製品・事業紹介

　同社の事業は、タイヤ事業、ダイバーテック事業、その他に分類されます。

● タイヤ事業：大口径タイヤの需要が伸長、製品構成が良化

　同社の売上高の8割を占める基幹事業です。乗用車用タイヤを始め、SUVやピックアップトラック向けタイヤ、トラック・バス用タイヤ、建設車両用タイヤの生産・販売を行っています。TOYO TIRES、NITTO、SILVERSTONEの3ブランドをグローバルに展開しています。

　同社の特徴は、北米でSUVやCUV、ピックアップトラックといった大型車向けにサイズの大きいタイヤを供給し、高いプレゼンスを発揮していることです。また、NITTOブランドは、ユニークで革新的なデザインによりニッチ市場を開拓し、消費者から高い支持を得ています。

　これまでも需要拡大に合わせて米国でタイヤ生産能力を拡大するなど対応を進めてきましたが、米国新車市場でのライトトラック販売比率の上昇や大口径タイヤを求める動きが高まり、需要に対して供給が追いつかない状況です。2017年9月には、米国およびマレーシアの工場で生産能力を増強すると発表しました。米

213

国は 2019 年 4 月より、マレーシアは 2019 年 10 月より稼働を
始める予定です。

●ダイバーテック事業：免震ゴム問題への対応や再編を進める

タイヤ事業で培ったゴム・材料配合技術を活かした事業です。
エンジンマウントやブッシュなどの各製品を、輸送機器分野、断
熱・防水資材分野、産業・建築資材分野に供給しています。

同事業では、免震ゴム、防振ゴムにおいて製品検査結果を不正
に記載する問題が発生し、納入した製品の交換などの対応を行っ
ています。

また、同事業に含まれる化工品事業（建築用免震ゴム事業を除
く）を 2017 年 7 月にニッタに譲渡しました。コア事業と位置付
けるモビリティを中心とした事業に経営資源を集中する方針です。

●その他：国内関係会社に対する融資や不動産業など

●中期経営計画：営業利益率を維持・拡大しつつ着実な成長へ

2017 年 3 月に新中期経営計画「中計'17」を発表しました。
2020 年度の目標は、売上高が 4,800 億円、営業利益が 600 億
円です。事業別では、タイヤ事業が売上高 4,000 億円、営業利
益 560 億円、ダイバーテック事業は売上高 800 億円、営業利益
40 億円としています。持続的な成長に向けて事業機能や経営基
盤の強化に注力する方針です。「モビリティを中心とした事業成
長」の実現に向けて、中計 4 ヵ年で合計約 1,280 億円の設備投資
を計画しており、過去 4 ヵ年（合計 1,328 億円）と同水準を維持
する方針です。

ブリヂストン(5108)

● 一言紹介

　世界最大のタイヤメーカー。1931年、石橋正二郎氏により創立。ブリヂストンブランドやファイアストンブランドをグローバルに展開。鉱山車両用タイヤも手掛ける。化工品やスポーツ用品など多角化部門も手掛ける。

2017年度事業別セグメント

(単位：億円、%)

	売上高	構成比	営業利益	構成比	営業利益率
タイヤ	30,312	83	3,872	92	12.8
多角化	6,278	17	319	8	5.1
調整額	▲156	▲0	0	0	-
合計	36,434	100	4,190	100	11.5

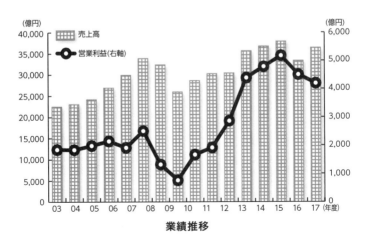

業績推移

● 決算説明会資料の会社HP上での開示：有

よくわかる自動車部品セクター株入門編

2017年度所在地別セグメント

(単位：億円、%)

	売上高	構成比	営業利益	構成比	営業利益率
日本	11,478	32	1,602	38	14.0
米州	17,765	49	1,875	45	10.6
欧州・ロシア・中近東・アフリカ	5,598	15	136	3	2.4
中国・アジア大洋州	6,488	18	629	15	9.7
調整額	▲ 4,895	▲ 13	▲ 52	▲ 1	–
合計	36,434	100	4,190	100	11.5

● **製品・事業紹介**

世界150ヵ国以上で事業を展開し、タイヤ事業と多角化事業を手掛けています。

● **タイヤ事業：高付加価値品の投入で高いプレゼンスを維持**

連結売上高の約8割を占める主力事業です。乗用車用、トラック・バス用、二輪車用に加え、建設機械や鉱山車両用、航空機用など各種タイヤの生産・販売を行っています。

低燃費タイヤやランフラットタイヤといった先進技術を積極的に市場へ投入することでプレゼンスを高め、トップシェアを誇ります。また、鉱山車両用大型/超大型タイヤでは、ミシュラン社と世界市場を二分しています。収益性においても、高いブランド力と費用の適切なコントロールを背景に業界内で高水準です。

近年では、タイヤの幅を狭く、口径を大きくすることで低燃費と安全性を両立したタイヤである ologic（オロジック）や、空気のいらないタイヤを実現するエアフリーコンセプトを生み出しています。

● **多角化事業：ゴム製品、ゴルフ用品、自転車など**

タイヤ事業で培った技術や経験を活かし、幅広い領域へ製品を

第5章　主要銘柄を紹介

提供しています。コンベアベルトやホース、トラクターなどの農業機械に使用されるゴムクローラ、ゴルフボールやクラブといったスポーツ用品、自転車などが含まれます。

●中期経営計画：すべての面で「断トツ」を目指す

経営の最終目標として、「真のグローバル企業」、「業界において全てに『断トツ』」、を掲げています。中期経営計画は1年ごとにローリングされ公表されていますが、基本的な成長戦略に変化はありません。

2017年度中計では、(1) グローバル企業文化の育成、(2) グローバル経営人材の育成、(3) グローバル経営体制の整備、を重点項目として掲げています。グローバル企業文化の育成では、ブランド戦略の推進として、オリンピック・パラリンピックへの協賛活動を行っています。

定量目標としては、継続的に確保すべき水準として、業界平均を上回る成長、ROA6％、営業利益率10％、ROE12％を掲げています。また、各地域それぞれが営業利益率10％を上回ることを目指しています。2017年度時点でROA、営業利益率、ROEいずれも目標値を上回っています。

住友ゴム工業(5110)

● 一言紹介

　国内2位のタイヤメーカー。タイヤ事業を主力としゴルフ用品や産業品も手掛ける。ブラジル、トルコ、南アフリカなどで生産能力を増強し成長市場の取り込みを狙う。グッドイヤーとの提携解消後、欧米市場でファルケンブランドのプレゼンス向上を図る。

2017年度事業別セグメント

(単位：億円、%)

	売上高	構成比	営業利益	構成比	営業利益率
タイヤ	7,566	86	583	87	7.7
スポーツ	817	9	44	7	5.3
産業品他	396	5	42	6	10.7
調整額	−	−	0	0	−
合計	8,779	100	670	100	7.6

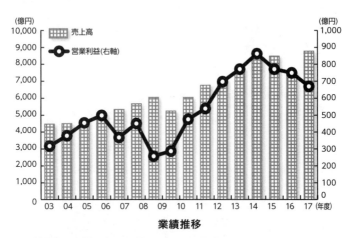

業績推移

● **決算説明会資料の会社HP上での開示：有**

第 5 章　主要銘柄を紹介

2017 年度所在地別セグメント

(単位：億円、%)

	売上高	構成比	営業利益	構成比	営業利益率
日本	4,004	46	211	32	5.3
アジア	1,695	19	291	43	17.2
その他	3,081	35	168	25	5.5
合計	8,779	100	670	100	7.6

● 製品・事業紹介

　同社の事業は、タイヤ、スポーツ、産業品他の 3 つに分類されます。

● タイヤ：新興国拡大、ファルケンのバリューアップを図る

　連結売上高の 9 割弱を占める主力事業で、ダンロップ、ファルケンをメインブランドとし、乗用車用、トラック・バス用、二輪車用など各種タイヤの生産・販売を手掛けます。近年は、タイやブラジル、南アフリカ、トルコ、中国で生産能力を増強しており、将来的に成長が見込まれる新興国市場で販売を増やす見通しです。

　また、2015 年 6 月には、1999 年から続けてきたグッドイヤーとの提携を解消しました。これにより、欧米市場において独自かつ機動的な事業展開が可能になり、ファルケンブランドの販売促進活動を積極的に進めています。2017 年にはイギリスの大手タイヤ販売会社を買収し、同国や欧州でのファルケンブランドのシェアおよびプレゼンスの拡大を見込んでいます。

● スポーツ：子会社ダンロップスポーツを統合

　ゴルフクラブやボール、テニスラケットなどスポーツ用品の生産・販売を行っています。ゼクシオ、スリクソン、クリーブランドゴルフの展開や、フィットネス事業も含まれます。従来は、子

219

会社のダンロップスポーツが手掛けていましたが、ダンロップブランドのグローバルでの価値向上および収益向上を目的に2018年1月に統合されました。

●産業品他：ゴム手袋や人工芝、医療用ゴム部品など

ハイブリッド事業本部が中心となり、制振ダンパーやゴム手袋、人工芝、健康・介護用品、医療用精密ゴム、医療機器用モジュールなど多種多様な製品を提供しています。

●長期ビジョン実現に向けた経営計画を推進中

同社は、2012年に長期ビジョンである「VISION2020」を策定しました。それ以来、成長市場を取り込むためのタイヤ生産能力の増強や、販路拡大に向けた販売会社の買収、ブランド価値向上策など様々な取り組みを進めています。

企業名 Index

【あ】

愛三工業・・・・・・・・・・・・・・・・・・・・・・・・・・・・・・・・・・・・・・ 14，35，187

アイシン・エィ・ダブリュ・・・・・・・・・・・・・・・・・・・・・ 103，170，172

アイシン精機・・・・・・・・・・・・・・・・ 11，12，13，14，17，33，34，35，
47，82，90，170，172，180

アウディ・・ 87

曙ブレーキ工業・・・・・・・・・・・・・・・・・・・・・・・・・・・・・ 35，138，140

【い】

いすゞ・・・・・・・・・・・・・・・・・・・・・・・・・・・・・・・・ 10，33，158，207

市光工業・・・・・・・・・・・・・・・・・・・・・・・・・・・・・・・・・・・・・・・35，152

【う】

ヴァレオ社・・・・・・・・・・・・・・・・・・・・・・・・・・・ 125，152，153，154

【え】

NOK ・・・・・・・・・・・・・・・・・・・・・・・・・・・・・・・・・・・ 35，51，146

NVIDIA 社・・88

エクセディ・・・・・・・・・・・・・・・・・・・・・・・・・・・・・・・・・・・・・・35，180

エフ・シー・シー・・・・・・・ 10，11，14，35，46，47，89，90，197

【お】

オートリブ社・・・・・・・・・・・・・・・・・・・・・・・・・・・・・ 137，139，186

【か】

河西工業・・・・・・・・・・・・・・・・・・・・・・・・・・・・・・・・・・ 14，35，167

カルソニックカンセイ・・・・・・・・・・・・・・・・・・・ 13，75，125，206

よくわかる自動車部品セクター株入門編

【く】

グッドイヤー・・・・・・・・・・・・・・・・・・・・・・・・・・・・ 29，66，218，219

クライスラー・・・・・・・・・・・・・・・・・・・・・・・・・・・・・・・・・・・17，89

【け】

ケーヒン・・・・・・・・・・・・・ 10，11，14，35，46，80，125，164

【こ】

小糸製作所・・・・・・・・・・・・・・・・・・・・・・・・ 11，14，33，35，177

コンチネンタル社・・・・・・・・・・・・・・・・・・16，75，83，88，92，123

【さ】

サンデンホールディングス（HD）・・・・・・・・・・・・・・・・・・・・・・・35，117

【し】

ショーワ・・・・・・・・・・・・・・・・・・・・・・・・・・ 14，35，46，174

シロキ工業・・・・・・・・・・・・・・・・・・・・・・・・・・・・・・・・・・・・・・13

【す】

スタンレー電気・・・・・・・・・・・・・・・・・・・・・・・・・・・ 14，35，128

住友ゴム工業・・・・・・・・・・・・・・・・・・・・・ 28，29，36，66，218

【せ】

ZF社 ・・・・・・・・・・・・・・・・・・・・・・・・・・・・・ 75，89，186

【た】

ダイキョーニシカワ・・・・・・・・・・・・・・・・・・・・・・・・・・・・・35，99

大同メタル工業・・・・・・・・・・・・・・・・・・・・・・・・・・・・・・35，155

太平洋工業・・・・・・・・・・・・・・・・・・・・・・・・・・・・・・・35，161

大豊工業・・・・・・・・・・・・・・・・・・・・・・・・・・ 14，35，120

タカタ・・・・・・・・・・・・・・・・・・・・・・・・・・・・・・・・・・・・・・50

タチエス・・・・・・・・・・・・・・・・・・・・・・・ 14，35，96，98，143

222

企業名 Index

【て】

TRW 社 ·· 75

テイ・エス　テック ························ 14, 35, 46, 200

帝人 ··· 85

デンソー ····················· 11, 12, 14, 16, 17, 33, 34, 35,
47, 64, 75, 80, 82, 84, 88, 123

【と】

東海理化 ························· 11, 14, 35, 47, 131

東プレ ································ 14, 35, 104

東洋ゴム工業 ························ 28, 36, 66, 212

東レ ·· 80, 85

トヨタ ··· 2, 10, 12, 13, 14, 15, 33, 40, 59, 60, 61, 65, 77,
81, 82, 89, 91, 96, 97, 110, 114, 115, 116, 120,
121, 123, 125, 126, 128, 129, 131, 140, 143, 144,
149, 151, 152, 161, 162, 170, 172, 177, 178, 180,
183, 187, 204

豊田合成 ···························· 11, 14, 35, 47, 183

豊田自動織機 ········· 12, 14, 33, 34, 35, 51, 80, 82, 114, 118

トヨタ紡織 ························ 13, 14, 35, 96, 143, 144

【に】

日産 ···· 2, 13, 14, 17, 33, 40, 60, 61, 75, 77, 86, 91, 101,
102, 103, 104, 107, 110, 129, 140, 143, 152, 167,
178, 187, 194, 204, 206, 207, 208

日信工業 ···················· 10, 11, 14, 35, 46, 47, 137, 142

ニッパツ ································· 14, 35, 110

223

日本精機‥‥‥‥‥‥‥‥‥‥‥‥‥‥‥‥‥‥‥ 35, 190, 192

ニフコ‥‥‥‥‥‥‥‥‥‥‥‥‥‥‥‥‥‥‥‥ 11, 35, 203

日本電産‥‥‥‥‥‥‥‥‥‥‥‥‥‥‥‥‥‥‥ 15, 79, 80

【は】

パイオラックス‥‥‥‥‥‥‥‥‥‥‥‥‥‥‥ 14, 35, 107

【ひ】

ピレリ‥‥‥‥‥‥‥‥‥‥‥‥‥‥‥‥‥‥‥‥ 29, 59, 66

【ふ】

フォード‥‥‥‥‥‥‥‥17, 74, 89, 131, 140, 178, 197, 199

フォルクスワーゲン‥‥‥‥‥17, 78, 90, 91, 136, 173, 202, 204

フタバ産業‥‥‥‥‥‥‥‥‥‥‥‥‥‥‥‥ 14, 35, 149

ブリヂストン‥‥‥‥‥‥‥‥‥‥28, 29, 34, 36, 66, 215

プレス工業‥‥‥‥‥‥‥‥‥‥‥‥‥‥‥‥‥35, 158

【ほ】

ボッシュ社‥‥‥‥‥‥‥‥‥‥‥16, 75, 88, 92, 123, 165

ホンダ‥‥‥ 2, 11, 14, 15, 17, 33, 40, 46, 60, 89, 102, 104,
　　　　　107, 121, 128, 129, 134, 137, 138, 139, 142,
　　　　　143, 164, 165, 166, 167, 174, 176, 178, 190,
　　　　　192, 194, 197, 199, 200, 201, 202, 204

【み】

ミシュラン‥‥‥‥‥‥‥‥‥‥‥‥‥‥ 29, 59, 66, 216

三菱ケミカル‥‥‥‥‥‥‥‥‥‥‥‥‥‥‥‥80, 85

【む】

武蔵精密工業‥‥‥‥‥‥‥‥‥ 10, 11, 14, 35, 46, 47, 134

企業名 Index

【や】

ヤマハ発動機···············33，46，129，138，142，187，202

【ゆ】

ユニプレス···14，35，101

【よ】

横浜ゴム································28，29，36，66，209

ヨロズ······································14，35，47，194

【著者略歴】
坂口大陸（さかぐち たいりく）

みずほ証券エクイティ調査部、自動車部品セクター担当シニアアナリスト。2002年新光証券入社、支店にて個人投資家向け営業を経験後、2006年企業投資調査部に異動しアナリスト業務を開始、2009年合併によりみずほ証券エクイティ調査部。2006年以降、自動車部品セクターを中心に自動車産業の調査を行う。

よくわかる自動車部品セクター株
入門編

2018年6月19日　初版1刷発行
2018年7月 3日　初版2刷発行

著　者　坂　口　　大　陸
発行者　織　田　島　　修
発行所　化学工業日報社
東京都中央区日本橋浜町3-16-8（〒103-8485）
電話　03（3663）7935（編集）
　　　03（3663）7932（販売）
支社　大阪　**支局**　名古屋　シンガポール　上海　バンコク
ホームページアドレス　https://www.chemicaldaily.co.jp

印刷・製本：ミツバ綜合印刷
DTP：ニシ工芸
カバーデザイン：田原佳子
本書の一部または全部の無断の複写・複製・転訳載・磁気媒体への入力等を禁じます。
©2018〈検印省略〉乱丁・落丁本はお取り替えいたします。
ISBN978-4-87326-699-2　C0033

化学工業日報社の書籍・実務書

欧米の電力システム改革
－基本となる哲学－
内藤克彦／著

新時代のエネルギーシステム革新を読み解く！　欧米で進行中の電力システム改革の全体像を俯瞰し、"電力グリッド運営"を解説

〈2018/3〉B6判・260頁・定価：本体2,300円＋税（送料別）

難燃学入門
火災から
あなたの命と財産を守る
北野　大／編著

不燃化・難燃化を施すことで火災によるリスク・社会的影響を最小化するための総合的な学問として「難燃学」を提唱

〈2016/10〉B6判・244頁・定価：本体2,000円＋税（送料別）

2050年戦略　モノづくり産業への提案
エネルギー、環境、社会インフラから考える未来予想図
2050年戦略研究会／編著

EUの2050年戦略"Global Europe 2050"の概要と、これに対比させた日本の2050年戦略を多面的に検証し、提案

〈2017/12〉A5判・234頁・定価：本体2,500円＋税（送料別）

21世紀のモノづくりイノベーション
ダイセル式生産革新はこうして生まれた
改善から革新へ―次世代型化学工場構築の軌跡
松島　茂・株式会社ダイセル／著

経営トップ、中間管理職、工場現場が何を考え、どう行動したか。新しい生産現場を構築するための必読書

〈2015/12〉A5判・144頁・定価：本体1,500円＋税（送料別）